NOUVEAU GUIDE

ALPHABÉTIQUE

DU VOYAGEUR DANS PARIS

PARIS
LIBRAIRIE DE JULES TARIDE
2, RUE MARENGO, 2

ARRIVÉE. INSTALLATION

Aussitôt que la locomotive a déposé l'étranger sur la gare de Paris, [il] doit s'empresser de se rendre dans les magasins pour reconnaître [son] bagage; quand il a toutes ses malles, il lui reste à les soumettre [à l']employé de la douane, qui les ouvre, les fouille et leur marque à la craie un *laisser-passer* lorsqu'elles sont pures d'articles prohibés.

[Le] facteur, qu'on récompense par un pourboire de quelques sous, [de]scend le bagage dans la cour du chemin de fer où stationnent des [vo]itures de toute espèce prêtes à le recevoir. Le prix de la course [de] ces véhicules est de 2 fr. pour les voitures dites de remise; [de] 1 fr. 40 c. pour les fiacres, et de 1 fr. 25 c. pour les milords [(ca]briolets à quatre roues). Outre ces prix, dont nous donnons un [ta]rif détaillé à l'article *Voitures*, le cocher demande encore un pour[bo]ire, mais personne ne s'en étonnera, le pourboire est un usage [gé]néral chez les peuples civilisés comme chez les peuples qui ne le [so]nt pas — c'est le lien commun.

En montant dans la voiture, l'étranger sait presque toujours l'en[dr]oit où il doit être conduit; il lui a été indiqué un hôtel vers lequel [il] se dirige. A Paris, on peut se loger à tous les prix, depuis 10 c. par [n]uit jusqu'à 100 fr. par jour; l'hôtel du Louvre, l'hôtel des Princes [(]rue Richelieu), l'hôtel Meurice (rue de Rivoli), ont des appartements [d]e 3,000 fr. par mois. Mais d'autres hôtels plus modestes — ceux-là [s]ont des palais — offrent des chambres très-confortables moyennant [2], 3 et 5 fr. par jour. Outre les hôtels, il existe encore à Paris des [m]aisons meublées qui ne diffèrent des premiers qu'en ce qu'elles [n']ont pas de tables d'hôte.

Le choix d'un quartier est très-important; il dépend du goût, des mœurs ou des occupations de chacun. L'étranger qui vient pour ses affaires habitera les environs de la Bourse; celui qui n'a d'autre but que ses plaisirs se logera sur les boulevards élégants de la rue Montmartre à la Madeleine, à l'hôtel du Louvre, ou dans les rues qui viennent aboutir rue de la Paix, rue Louis-le-Grand, rue du Helder etc., au centre des cercles, des promenades, des théâtres. L'étrange qui craint le bruit et le mouvement se réfugiera dans le faubourg Saint-Germain (rue de l'Université) ou aux Champs-Élysées et dans les rues avoisinantes; on y trouve un air plus pur et un sommeil moins troublé.

Une fois logé, il faut songer à se nourrir : nécessité qui se fait sentir au moins deux fois par jour. Tous les hôtels ont une table d'hôte dont les prix varient suivant l'importance du lieu; c'est ordinairement 2, 3, 4 et 5 francs (le vin compris) par dîner, et 1 franc 1 fr. 50, 2 fr. et 2 fr. 50 c. par déjeuner. Mais il est difficile de s'astreindre à rentrer à des heures régulières quand on est dans une grande ville que l'on veut visiter; la vie de restaurant vous offre toutes les commodités et toutes les libertés possibles. Paris a une réputation culinaire que les paradoxeurs les plus aventureux n'ont jamais osé lui contester; c'est de toutes les villes du monde celle où l'on mange le mieux! C'est la seule qui ait des restaurateurs. Ces palais où sont rassemblées toutes les élégances du luxe le plus raffiné, où des milliers de candélabres reflètent dans des murs de glace leurs feux étincelants, où la moire, la soie et l'or entremêlent leurs couleurs éclatantes, où le parfum des fleurs exotiques s'unit aux émanations embaumées des cuisines, laissent bien loin derrière eux les tavernes enfumées de Londres et les grandes salles tristes et nues de l'Allemagne! Mais il faut avoir la poche bien garnie pour s'aventurer dans ces temples de la bonne chère : *les Frères Provençaux, Véfour, Véry, Durand*, etc., vous vendent au poids de l'or leurs succulentes conceptions. Pourtant, cet avertissement n'est pas général; il y a une différence à établir entre ceux qui veulent dîner et ceux qui ne tiennent simplement qu'à manger; les premiers!... nous n'avons pas à nous occuper d'eux! Les seconds peuvent se satisfaire moyennant 6 ou 8 francs. Il existe en outre une grande quantité de restaurants de seconde classe, ou pour mieux dire qui tiennent le milieu entre la première et la seconde, où l'on dîne parfaitement à des conditions plus modérées. Ceux qui redoutent le supplice de la carte et qui sont arrêtés par la difficulté de composer leur menu, le trouveront tout fait chez un certain nombre de restaurants récemment ouverts. C'est la table d'hôte, plus l'isolement et l'indépendance. Parmi

Arc de triomphe de l'Étoile.

ix-ci nous citerons le *dîner de Paris* (passage Jouffroy), à 3 fr. cent.; le *dîner de l'Industrie* (boulevard Poissonnière), à 3 fr. 50; *dîner Européen* (Palais-Royal), à 3 fr. 25 cent. Au-dessous de ces établissements, très-au-dessous, viennent les restaurants à 40 sous à 32 sous, qui vous donnent un potage, une demi-bouteille de 1, trois plats au choix et un dessert; rarement c'est bon, quelque s c'est passable, le plus souvent c'est médiocre. Nous n'avons pas i avec les cuisines à prix fixe; il y a encore les endroits à 21 sous, 20 sous, à 18 sous, à 17 sous, qui s'appellent restaurants par tiphrase.

Le luxe intérieur des restaurants se retrouve dans les cafés qui, puis le café Procope, le premier établi, se sont multipliés dans s proportions colossales. Il n'est pas possible de faire trois pas sur s boulevards sans rencontrer un café; là, on consomme tous les fraîchissements connus; on fume, on lit les journaux, on joue aux ominos, aux échecs, au billard, etc.

Maintenant que vous voilà logé et restauré, il ne vous reste plus 'à parcourir, à l'aide de notre Guide alphabétique, la grande ville ui va dérouler devant vous ses merveilles et ses enchantements!

PARIS VISITÉ EN HUIT JOURS

1re JOURNÉE.

Parcourir les boulevards depuis la Bastille jusqu'à la Madeleine, en faisant quelques excursions à droite et à gauche pour voir la place Royale, le boulevard de Strasbourg, la Bourse, la colonne Vendôme et entrer à l'église de la Madeleine.

2e JOURNÉE.

Les Tuileries, la place de la Concorde, le Corps législatif, les Champs-Élysées, l'Arc de Triomphe, l'Hippodrome et le bois de Boulogne, le Champ de Mars, l'École militaire et les Invalides.

3ᵉ JOURNÉE.

Prendre le boulevard de Sébastopol (rive droite), visiter le Conservatoire des arts et métiers, les Halles centrales, la tour Saint-Jacques, la rue de Rivoli jusqu'à la rue Richelieu, pour y visiter la Bibliothèque impériale et finir par le Palais-Royal.

4ᵉ JOURNÉE.

Visiter le Carrousel, le musée du Louvre, l'église Saint-Germain-l'Auxerrois, la Mairie du premier arrondissement et les nouveaux théâtres.

5ᵉ JOURNÉE.

Visiter l'Hôtel de Ville, l'église Notre-Dame, le Palais de Justice, la Sainte-Chapelle, la Cité, et revenir par le Pont-Neuf.

6ᵉ JOURNÉE.

Prendre le boulevard Sébastopol (rive gauche), remarquer la nouvelle fontaine Saint-Michel, le musée de Cluny, la Sorbonne, le Panthéon, le Val-de-Grâce, l'Observatoire et le Luxembourg, revenir par Saint-Sulpice.

7ᵉ JOURNÉE.

Visiter la Monnaie, l'Institut, le Musée d'artillerie et Saint-Thomas d'Aquin.

8ᵉ JOURNÉE.

Le Jardin des Plantes et les Gobelins.

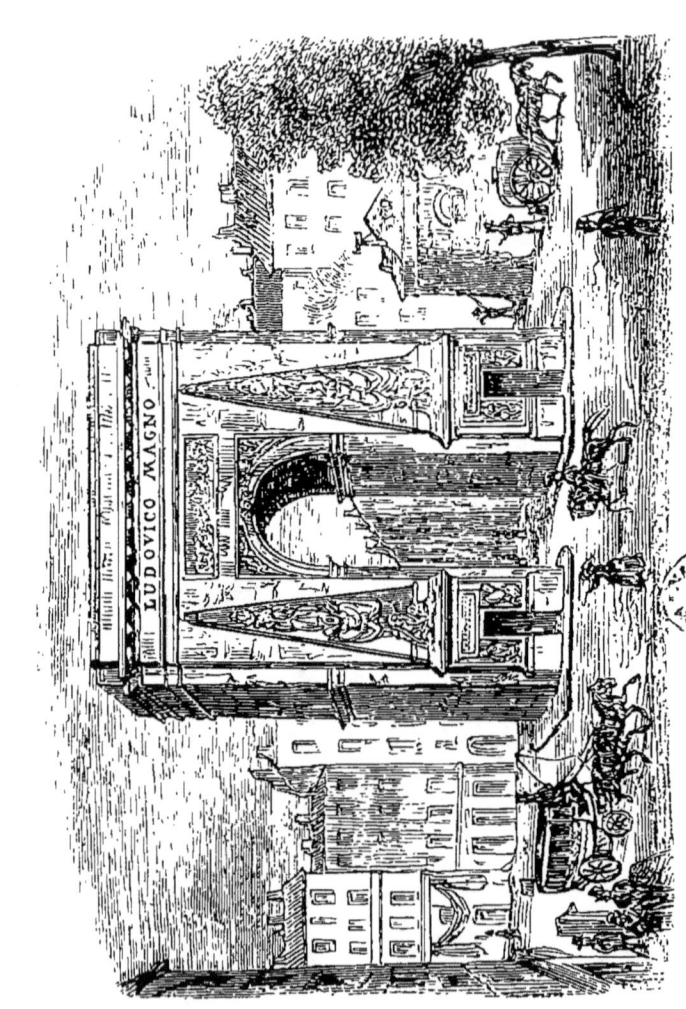

Arc de triomphe de la Porte Saint-Denis.

LISTE ALPHABÉTIQUE

DES

MONUMENTS ET ENDROITS PUBLICS

DE PARIS

Abattoirs. Jusqu'en 1818, chaque boucher tuait et préparait chez lui les animaux destinés à l'alimentation de Paris. Ce fut Napoléon qui le premier songea à délivrer la capitale du dangereux passage des animaux, de la vue hideuse de leur sang courant dans les ruisseaux et des miasmes délétères qui s'exhalaient des tueries; il n'eut pas le temps de mettre à exécution son projet qu'on reprit plus tard. Vers les extrémités de Paris, on construisit, d'après le plan commun des cinq architectes, MM. de Gisors, Petit-Radel, Leloir, Happé et Poidevin, cinq abattoirs situés rue de Trudaine (abattoir Montmartre); rue Saint-Maur (abattoir de Ménilmontant); boulevard de l'Hôpital (abattoir de Villejuif); barrière de Sèvres (abattoir de Grenelle); rue de Miroménil (abattoir du Roule). Ces abattoirs n'ayant de différence entre eux que leur dimension, nous ne parlerons que de l'abattoir Montmartre qui est le plus grand. Il présente la forme d'un grand parallélogramme dans lequel sont rangés symétriquement 25 corps de bâtiments; il compte 8 bouveries pouvant contenir ensemble 3072 têtes de gros bétail; en face de chaque case à bœufs (il y en a 8 par bouverie) se trouvent deux petites cases pour les veaux et les moutons. Cet abattoir contient un nombre considérable d'échaudoirs et de fondoirs, des triperies, des parcs et des étables; on peut le visiter tous les jours en s'adressant au concierge.

Ambassadeurs et Consulats. Leur résidence à Paris.

AMBASSADES.

AUTRICHE, rue de Grenelle-Saint-Germain, 87.
BADE, rue Boursault, 17.
BAVIÈRE, rue d'Aguesseau, 13.
BELGIQUE, rue de la Pépinière, 97.
BRÉSIL, rue de la Pépinière, 106.
BRUNSWICK (Duché de), rue de Penthièvre, 19.
CHILI, rue Saint-Lazare, 31.
COSTA-RICA, place de la Bourse, 4.
CONFÉDÉRATION-ARGENTINE, rue Saint-Georges, 23.

CONFÉDÉRATION GRENADINE, rue Neuve-des-Mathurins, 102.
DANEMARK, rue de la Pépinière, 88.
DEUX-SICILES, rue du Faubourg-Saint-Honoré, 47.
ESPAGNE, rue de la Chaussée-d'Antin, 45. La Légation d'Espagne représente les duchés de Parme et de Plaisance.
ETATS-ROMAINS, rue de l'Université, 69.
ETATS-UNIS D'AMÉRIQUE, rue de Beaujon, 15.

Equateur, rue Matignon, 15.
Grande-Bretagne, rue du Faubourg-Saint-Honoré, 39.
Grèce, rue du Cirque, 10.
Guatemala, rue Neuve-des-Mathurins, 152.
Hanovre, rue de Penthièvre, 19. La Légation du Hanovre est chargée des affaires du duché de Brunswick.
Hesse-Électorale, rue de Miromesnil, 16.
Hesse-Grand-Ducale, rue Saint-Georges, 10.
Haïti, rue Caumartin, 19.
Mecklembourg-Schwerin, rue du Faubourg-Saint-Honoré, 35.
Mexique, rue Roquepine, 9.
Pays-Bas, rue Chateaubriand, 17.
Portugal, rue d'Astorg, 12.
Prusse, rue de Lille, 78.
Pérou, rue Taitbout, 82.
Russie, Faubourg-Saint-Honoré, 33.
Sardaigne, rue Saint-Dominique-Saint-Germain, 133.
Saxe (Royaume de), rue du Faubourg-Saint-Honoré, 170.
Suède et Norwége, rue d'Anjou-Saint-Honoré, 74.
Suisse, rue d'Aumale, 9.
Toscane, rue Caumartin, 3.
Turquie, rue de Grenelle-Saint-Germain, 116.
Villes libres et hanséatiques, de Lubeck, Brême et Hambourg. — Ville libre de Francfort, rue Verdon, 6.
Wurtemberg, rue Tronchet, 2.

CONSULATS.

Autriche, rue Laffitte, 29.
Bolivia, rue de Grenelle-Saint-Germain, 71.
Chili, rue Saint-Lazare, 31.
Costa-Rica, place de la Bourse, 4.
Danemark, rue de Trévise, 29.
Etats-Unis d'Amérique, rue Laffitte, 3.
Grande-Bretagne, rue du Faubourg-Saint-Honoré, 39.
Hesse-Electorale, rue Drouot, 20.
Holstein-Oldenberg, rue Saint-Georges, 15.
Mecklembourg-Schwerin, rue de la Victoire, 58.
Mexique, rue Mogador, 3.
Nouvelle-Grenade, rue de l'Échiquier, 24.
Nicaragua, rue du Rocher, 46.
Parme, rue Tronchet, 27.
Pays-Bas, rue Saint-Georges, 13.
Pérou, rue Saint-Lazare, 31.
Perse, rue Saint-Honoré, 371.
Portugal, rue Blanche, 44.
Prusse, rue de Lille, 78.
Sardaigne, rue Saint-Dominique-Saint-Germain, 133.
Saxe (Royaume de), rue Basse-du-Rempart, 10.

Archives impériales. Rue du Chaume, 12. Elles occupent l'ancien hôtel Soubise, construit vers la fin du quatorzième siècle par le connétable Olivier de Clisson. Fondées en 1789, elles ont reçu les pièces provenant des assemblées nationales et celles qui intéressent l'histoire de France; elles sont divisées en cinq sections : législative, administrative, historique, des domaines et judiciaire. Une bibliothèque de 14,500 volumes est adjointe à cet établissement, que l'on peut visiter tous les jours ouvrables de 9 à 3 heures avec une autorisation que l'on demande au garde général. L'entrée pour le public est rue de Paradis-du-Temple, 16.

Arc de triomphe du Carrousel. Il fut élevé en 1806 sur les dessins de Fontaine et Percier; il a 14^m.60 de hauteur sur 19^m.50 de largeur et 8^m.65 d'épaisseur. Sur l'entablement, au-dessus de chaque colonne, on voit une statue de marbre qui représente un soldat de l'Empire : le cuirassier, par Launay; le dragon, par Corbet; le chasseur à cheval, par Foucou; le carabinier, par Chinard, du côté faisant face la place; du côté opposé, le grenadier, par Dardel, le carabinier, par Montony; le canonnier, par Bridan; le sapeur, par Dumont père. Les quatre faces de l'arc sont décorées de bas-reliefs en marbre qui représentent la bataille d'Austerlitz, par Espercieux, la capitulation d'Ulm, par Cartelier; l'entrevue de Tilsitt, par Ramey père; l'entrée de l'armée française à Munich, par Clodion; l'entrée à Vienne, par Deseine; la paix de Presbourg, par Lesueur. Le célèbre quadrige de Venise a été enlevé par les alliés en 1815 et remplacé par un char triomphal traîné par quatre chevaux; ce groupe est de Bosio.

Arc de triomphe de l'Étoile. La première pierre de ce monument dédié à la grande armée, fut posée le 15 août 1806 d'après les plans de Chalgrin; les travaux, interrompus en 1814, furent repris en 1825 sous la direction de Huyot et terminés en 1836 sous celle de Debret. Les quatre trophées qui ornent ses deux faces principales représentent : celui de droite, du côté de Paris, le Départ en 1806, par M. Rude; celui de gauche, du même côté, le Triomphe en 1810, par Cortot; et ceux du côté de Neuilly, tous deux de M. Etex, la Résistance en 1814, la Paix en 1815. Chacun de ces groupes a environ 11 mètres de hauteur. Au-dessus des quatre groupes principaux sont quatre bas-reliefs : du côté de Paris, à droite, les funérailles du général Marceau, par M. Lemaire; à gauche, la bataille d'Aboukir, par M. Seurre; du côté de Neuilly, à droite, le passage du pont d'Arcole, par Feuchères; à gauche, la prise d'Alexandrie, par Chaponnière. Le bas-relief qui orne la face latérale de l'arc (côté du midi) représente la bataille d'Austerlitz, par Grechter; le bas-relief du côté opposé, la bataille de Jemmapes, par M. Marochetti. Les figures de Renommée sculptées dans les tympans du grand arc sont de Pradier. La frise, qui rappelle le départ et le retour des armées françaises, est de MM. Brun, Jacquot, Laitié, Rude, Caillouette et Seurre. L'attique est décorée de boucliers sur lesquels on a gravé le nom d'une victoire; d'autres noms de batailles sont inscrits sous les voûtes du grand arc. On a inscrit sous les massifs des arcades latérales, les noms des généraux qui se sont signalés dans les batailles de la République et de l'Empire. Cet arc de triomphe est le plus grand qui ait jamais été construit; sa hauteur est de 49 mètres, sa largeur de 44 et son épaisseur de 22. Du sommet de ce monument on jouit d'une belle vue de Paris. On peut y monter tous les jours en s'adressant au gardien.

Arc de triomphe de la Porte Saint-Denis. Boulevard Saint-Denis. Cet arc de triomphe a été élevé en 1672 aux frais de la ville de Paris, sur les dessins de Blondel, en l'honneur des rapides victoires de Louis XIV. Les sculptures qui l'ornent, et qui représentent le passage du Rhin, la prise de Maestricht et les figures allégoriques de la Hollande vaincue et du Rhin, ont été exécutées par les frères Anguier, d'après les dessins de Girardon. Sa hauteur est, de même que sa largeur, de 24 mètres.

Arc de triomphe de la Porte Saint-Martin. Boulevard Saint-Martin. Haut et large de 18 mètres, l'arc de triomphe de la Porte Saint-Martin date de 1674; il a été érigé, de même que celui de la Porte Saint-Denis, aux frais de la ville de Paris et en l'honneur de Louis XIV; son inscription est moins modeste; elle rappelle la prise de

— 10 —

Besançon et de la Franche-Comté et la défaite des armées allemande, espagnole et hollandaise. Les bas-reliefs qui regardent le midi sont de Dujardin et de Marly; ils représentent la prise de Besançon et la triple alliance; les deux autres sont de le Hongre et Legros père; ils représentent la prise de Limbourg et la défaite des Allemands. L'architecte est Pierre Bellet.

Arsenal. Boulevard Bourdon. La ville de Paris construisit sur son emplacement, en 1596, un dépôt de munitions qui sauta en 1563. Reconstruit par Charles IX, augmenté sous Henri IV qui y établit Sully, ce dépôt fut abandonné sous Louis XIV. Ce fut le régent qui, en 1718, fit démolir une partie des bâtiments qui le composaient, et les remplaça par un hôtel destiné au grand maître de l'artillerie, hôtel qui renferme maintenant la bibliothèque de l'Arsenal (*voyez* ce nom). Le reste des constructions, ou petit arsenal, est occupé par l'administration des poudres et salpêtres. On ne visite pas cet établissement.

BALS. Les bals publics de Paris ont une réputation européenne, dont ils sont dignes par la richesse de leur décoration, l'ensemble de leurs orchestres et l'entrain de la foule qui s'y précipite. Ceux qui méritent le plus ce grand succès sont les bals d'été, et c'est par eux que nous commencerons notre énumération.

— **Bal Mabille.** Avenue Montaigne, aux Champs-Élysées. C'est le bal le plus célèbre de Paris; il a lieu dans un jardin assez exigu, mais dont le luxe des lumières et des fleurs qui se réflètent et se baignent dans des bassins de marbre en fait un véritable jardin des Mille et une Nuits. C'est là qu'ont été acclamées les royautés éphémères de la reine Pomaré, de Mogador, de Frisette et de tant d'autres Madeleines qui ne se repentiront jamais. Les prix d'entrée du jardin Mabille sont de 2 francs le dimanche et le jeudi, et de 3 francs le mardi et le samedi. Le samedi est le jour brillant. Bien des illustrations de la finance, des lettres, de la politique, du notariat lui-même, y coudoient les jeunes flâneurs du boulevard des Italiens et les célébrités chorégraphiques.

— **Bal du Château-des-Fleurs.** Rue des Vignes, aux Champs-Élysées. L'étendue de ce jardin, sa distribution où règne un goût parfait, ses pyramides de fleurs savamment dressées, ses promenades discrètement ménagées, le font préférer à Mabille par ceux qui ne sont pas les admirateurs exclusifs de la richesse éclatante. Mais il n'y a pas de rivalité à craindre entre les deux bals, car ils sont sous la même direction, et le Château des Fleurs ouvre ses portes le dimanche, le lundi, le mercredi et le vendredi. Le prix des deux premiers jours est de 2 francs, celui des deux derniers de 3 francs. Ce beau jardin est ouvert au public depuis le matin jusqu'à six heures du soir, et l'on peut s'y promener toute la journée moyennant 50 centimes.

— **Bal du Château-Rouge.** Chaussée Clignancourt, hors la barrière Rochechouart. Il doit son nom à la couleur des briques dont il est construit. Il fut donné par Henri IV à Gabrielle d'Estrées, et bâti pour elle. Dans ses murs fut établi, en 1814, le quartier général des alliés, et fut signée la capitulation de Paris. Tous ces souvenirs historiques ont été foulés aux pieds, et l'on danse dans ton parc, charmante Gabrielle! La société qui fréquente ce superbe jardin n'a pas les allures fringantes et

Tombeau d'Héloïse et d'Abeilard.

Colonne Vendôme.

les chevrons illustres de celle qui se presse à Mabille : c'est la bourgeoisie du genre ! Le Château-Rouge est ouvert le dimanche, le lundi, le jeudi et le samedi. Le prix d'entrée est de 2 francs. Souvent on y donne des fêtes de nuit ornées d'illuminations vénitiennes et de feux d'artifice.

— **Bal du Ranelagh**. Ce bal, situé à l'entrée du bois de Boulogne, et célèbre sous la Restauration, ne brille plus que d'un éclat vacillant toujours prêt à s'éteindre.

— **Bal d'Asnières**. Le parc d'Asnières a été autrefois un domaine royal; son plus grand tort c'est de n'être pas à Paris; et quoique le chemin de fer de Versailles (rive droite) y conduise en un quart d'heure, sitôt que le temps menace, les danseuses aux fraîches toilettes renoncent au voyage. L'administration fait des efforts surhumains pour appeler la foule; elle annonce de temps en temps des fêtes qui durent vingt-quatre heures, avec danses, spectacles, concerts, feux d'artifice, enlèvement de ballons; le tout sur des affiches monstrueuses.

— **Bal de la Closerie des Lilas**. On l'appelle aussi jardin Bullier, du nom de son propriétaire. Ce bal est situé carrefour de l'Observatoire, près d'une issue du Luxembourg; il est le premier qui ouvre ses portes au public avide de contempler les bosquets de lilas chargés de bourgeons. La Closerie est le bal des étudiants qui y apportent une gaieté bruyante qui, si elle n'est pas toujours de bon goût, est souvent, pour le spectateur, plus réjouissante que les aspirations guindées de Mabille au bon ton. Là, fleurissent, presque sans gêne, les balancés et le grand écart ! là, naissent des réputations féminines qui iront mourir allée des Veuves ! On crie, on saute, on gesticule, on s'interpelle, on se bat même quelquefois, mais on y est jeune et l'on s'y amuse ! On peut goûter toutes ces joies le dimanche, le lundi et le jeudi, moyennant 1 franc.

— **Bals d'hiver**. Quand l'automne arrive, que les feuilles devenues jaunes s'envolent aux vents, les grilles des jardins enchantés se ferment au public devant qui s'ouvrent les portes de **Valentino**, rue Saint-Honoré, de la **Salle Sainte-Cécile**, rue de la Chaussée-d'Antin, du **Vauxhall**, derrière le Château-d'Eau. Mais dans cette cohue qui vient grouiller dans ces étouffoirs, on ne reconnaît pas la fashion des bals d'été. Le prix d'entrée de Valentino et de Sainte-Cécile est de 2 francs; celui du Prado de 1 franc pour les abonnés; tout le monde est abonné.

— **Bals de nuit**. Deux semaines avant le carnaval, le grand Opéra ouvre ses portes, le samedi, à la foule des débardeurs et débardeuses, pierrots et pierrettes, polichinelles, sauvages, postillons et récureurs d'égouts, qui viennent se choquer, au galop infernal, sous le formidable orchestre de Musard. Au foyer, quelques habits noirs essayent de renouer, avec des dominos décevants, les traditions évanouies du beau langage et de l'intrigue mystérieuse ! Le prix d'entrée de ces bals est de 10 francs au bureau.

Banque de France. Cet établissement, fondé en 1803, vint s'établir en 1812 rue de la Vrillière, dans l'ancien hôtel du comte de Toulouse, construit en 1620, sur les dessins de Mansart, pour le secrétaire d'État Phelyppeaux de la Vrillière. Il occupe tout l'espace compris entre les rues de la Vrillière, Neuve des Bons-Enfants, Neuve des Petits Champs et Croix des Petits-Champs. Les opérations de la banque consistent à escompter des effets de commerce et à faire des avances sur les effets publics.

BIBLIOTHÈQUES. — **Bibliothèque impériale.** Rue Richelieu, 58. Fondée par Charles V, augmentée par Louis XII, Louis XIII, Louis XIV et ses successeurs, cette bibliothèque a reçu à la révolution de 1789, par suite de la suppression des couvents, et sous l'Empire, par suite des victoires de Napoléon, un accroissement immense. Elle comprend aujourd'hui plus d'un million d'imprimés et de 80,000 manuscrits. Suivant, à son origine, la destinée des rois de France, elle a été successivement établie au Louvre, à Blois, à Fontainebleau et, à Paris, au collége de Clermont (Louis le Grand); après plusieurs changements de domicile dans cette dernière ville, elle a été définitivement installée, en 1722, dans l'ancien hôtel du cardinal Mazarin qu'elle occupe actuellement. Cette immense collection est divisée en quatre départements : imprimés, manuscrits, médailles et estampes. La collection des médailles, malgré le vol important commis en 1831, comprend encore près de 100.000 pièces. La bibliothèque est ouverte tous les jours, sauf le dimanche, de 10 heures à 4 heures aux travailleurs, et le mardi et le vendredi au public, qui est admis à visiter les collections. Elle est fermée pendant les vacances, du 1er septembre au 1er octobre.

Bibliothèque Mazarine. Quai Conti, 33, à l'Institut. Fondée en 1648 par le cardinal Mazarin et rassemblée et organisée par le célèbre Naudé, cette bibliothèque renferme beaucoup de livres rares et précieux; elle est ouverte au public tous les jours, de 10 heures à 3 heures. Vacances du 15 septembre au 15 octobre.

Bibliothèque Sainte-Geneviève. Place du Panthéon. Fondée vers 1724 par des chanoines, augmentée en 1710 par Letellier, archevêque de Reims, cette bibliothèque renferme environ 250,000 volumes et 30,000 manuscrits. Établie d'abord dans une aile du collége Henri IV, elle fut transportée en 1842 dans les bâtiments de l'ancien collége Montaigu, sur l'emplacement duquel on a construit, en 1851, les beaux bâtiments qu'elle occupe aujourd'hui. Sa salle de lecture est la plus belle qui existe à Paris; elle peut contenir 420 personnes assises. Elle est ouverte dans la journée de 10 heures à 3 heures, et le soir de 6 heures à 10 heures. Vacances du 15 septembre au 15 octobre.

Bibliothèque de l'Arsenal. A l'Arsenal. Créée par le marquis d'Argenson qui la vendit, en 1781, au comte d'Artois, cette bibliothèque est installée, depuis 1718, dans les anciens appartements de Sully. Elle est très-riche en poëtes de nos premiers siècles littéraires. On la visite tous les jours de 10 heures à 3 heures. Vacances du 15 août au 15 septembre.

Bibliothèque de la ville de Paris. A l'Hôtel de Ville. Fondée en 1759, elle contient près de 80,000 volumes, la plupart ayant trait à l'histoire des villes de France. Elle est ouverte tous les jours de 10 à 3 heures. Vacances du 1er octobre au 16 novembre.

Bibliothèque de la Sorbonne. A la Sorbonne. Cette bibliothèque, autrefois réservée aux membres des Facultés de Paris, est publique depuis quelque temps; on peut y entrer tous les jours de 10 heures à 3 heures.

Il existe un grand nombre de bibliothèques qui ne sont pas publiques, et qu'on ne peut visiter qu'avec des autorisations spéciales, comme la bibliothèque du Louvre, qui dépend du ministère d'État, celle de l'Institut, qui dépend de l'Institut, etc.

Bois de Boulogne. Voyez PROMENADES.

Boulevards. Voyez PROMENADES.

Bourse. Ce palais, commencé en 1808 sur les plans de Brogniart, a été inauguré en 1826. On remarque dans l'intérieur d'excellentes grisailles de MM. Abel de Pujol et Meynier. Une galerie formée par soixante-six colonnes règne autour du monument auquel on arrive par un large perron de seize marches. Quatre grandes figures en pierre décorent le monument, ce sont : du côté de la place, le Commerce, par M. Dumont, la Justice par M. Duret; du côté de la rue Notre-Dame des Victoires, l'Industrie, par Pradier, l'Agriculture, par M. Seurre. — On négocie à la Bourse toute espèce de valeur de une heure à cinq heures dans la grande salle. Le tribunal de commerce et les greffes sont installés dans des salles avoisinantes. On visite la Bourse tous les jours à toute heure.

Champ de Mars. Le Champ de Mars, qui a été le théâtre de plusieurs des grands événements de la Révolution, ne sert plus guère maintenant qu'aux grandes fêtes militaires et aux courses de chevaux. Les courses y ont lieu deux fois par an, dans le mois d'août, sous le patronage du Jockey-Club, et dans le mois de novembre sous le patronage du gouvernement.

Champs-Élysées. Voyez PROMENADES.

Chapelle. Voyez MONUMENTS RELIGIEUX.

CHEMINS DE FER. (embarcadère des). — **Chemins de fer de Rouen, du Havre et de Dieppe, de Saint-Germain et de Versailles (rive doite), d'Auteuil.** Place du Havre, à l'extrémité de la rue Saint-Lazare. On trouve, moyennant 30 centimes, des omnibus spéciaux pour la ligne de Versailles (rive droite), de Saint-Germain et d'Auteuil, place du Palais-Royal, boulevard Bonne-Nouvelle, place de la Bourse, pointe Saint-Eustache, rue Saint-André.

Chemin de fer du Nord. Place Roubaix. Les omnibus stationnent rue Croix des Petits-Champs, 10; rue Saint-Denis, 124; rue de l'Ancienne Comédie, 14; hôtel Bedford, boulevard des Italiens, hôtel Meurice, rue de Rivoli, hôtels de Lille et Albion, rue Saint-Honoré, Messageries nationales, rue Notre-Dame des Victoires.

Chemin de Strasbourg. Place Chabrol. Omnibus, place du Palais-Royal; rue Saint-Martin, 256; rue Saint-Denis, 124; place du Palais de Justice, 1; place Saint-Sulpice, 12; Messageries nationales, rue Notre-Dame des Victoires.

Chemin de Lyon. Boulevard Mazas. Omnibus, rue Croix des Petits-Champs, 10; Messageries nationales, rue Saint-Denis, 124; place Saint-Sulpice, 12.

Chemins du Centre, de Bordeaux et de Nantes. Boulevard

de l'Hôpital. Omnibus, rue Drouot, 4; rue Jean-Jacques Rousseau, 18; rue Saint-Martin. 247, hôtel du Petit-Saint-Martin; rue du Bac.

Chemins de l'Ouest et de Versailles (rive gauche). Boulevard Montparnasse. Omnibus, place du Palais-Royal; place de la Bourse; rue Saint-Martin, 256; rue Saint-Denis, 124; Hôtel de Ville; rue Lobau, 2; place du Palais de Justice; place Saint-Sulpice.

Chemins de Sceaux et d'Orsay, Barrière d'Enfer. Omnibus, rue Croix des Petits-Champs, 10; place Saint-Sulpice.

Il paraît toutes les semaines des journaux des chemins de fer, qui onnent dans les plus grands détails la direction et le tarif de toutes les lignes.

Chemin de fer de Vincennes. Place de la Bastille, omnibus place de la Bourse.

CIMETIÈRES. Ces établissements sont visibles tous les jours et à toute heure; ils ne ferment qu'à la tombée de la nuit.

— **Cimetière Montmartre ou du Nord.** Entre les barrières Blanche et de Clichy. C'est le premier qui ait été établi hors Paris; il comprend environ dix hectares. On y remarque les tombeaux de la duchesse de Montmorency, des d'Aguesseau; des de Ségur, de Greuze, de Legouvé, de Fourrier, etc.

— **Cimetière du Père Lachaise ou de l'Est.** En face la barrière d'Aulnay. Il tire son nom d'une ancienne maison de campagne ayant appartenu au Père Lachaise, confesseur de Louis XIV, maison dont il occupe l'emplacement. Ouvert en 1804, il comprend maintenant environ quinze hectares. En été, quand les milliers d'arbres qui ornent ce jardin de la mort sont en fleur, le Père Lachaise offre une promenade très-agréable; de ses hauteurs on aperçoit d'un côté la grande ville et de l'autre les plaines jusqu'aux collines de Meudon et de Saint-Cloud; et puis, quand on s'enfonce dans les massifs, on rencontre à chaque pas des tombes qui sont de grands souvenirs et de belles œuvres sculpturales; les tombes d'Héloïse et d'Abeilard, de la princesse Demidoff, de la Fontaine, de Molière, de Casimir Périer, des maréchaux Ney, Masséna, Suchet, du général Foy. Non loin du monument de Casimir Périer, dans la vallée Delille, se pressent les tombes des artistes aimés, Talma, mademoiselle Mars, Mehul, Bellini, Weber, Herold, Boïeldieu, Chérubini et tant d'autres!

— **Cimetière Montparnasse ou du Sud.** Entre les barrières d'Enfer et Montparnasse. Il n'a été ouvert qu'en 1824 et offre environ dix hectares de superficie. Là reposent Théodore Jouffroy et Dumont d'Urville.

— **Cimetière de Piepus.** Rue de Reuilly. C'est là qu'on a enseveli les restes des nobles, morts victimes des guerres civiles de 1793. Ce cimetière n'est pas public, mais on peut le visiter en s'adressant au concierge.

Colléges. Voyez ÉTABLISSEMENTS SCIENTIFIQUES.

Colonne de la Bastille ou de Juillet. Elle est construite sur la voûte sous laquelle passe le canal Saint-Martin. Sur cette place où s'élevait la Bastille aux souvenirs pleins d'effroi, on avait projeté,

Vue générale du Jardin des Plantes.

Serre du Jardin des Plantes.

sous l'Empire, d'élever une fontaine ayant la figure d'un éléphant colossal en bronze. Le modèle en plâtre resta sur la place jusqu'en 1846. Le gouvernement du roi Louis-Philippe décida qu'on y érigerait une colonne en l'honneur des combattants de juillet, la première pierre en fut posée en 1831, et elle fut inaugurée le 28 juillet 1840. Cette colonne, plus élevée de 4 mètres que la colonne Vendôme, a 44 mètres de hauteur; c'est l'œuvre de MM. Alavoine et Duc; elle porte inscrits sur son fût les noms de six cent quinze citoyens morts pendant les trois journées de 1830, et dont elle couvre les cendres. Sur la lanterne, à laquelle on parvient par un escalier intérieur, s'élance le génie de la Liberté, magnifique statue en bronze doré fondue d'après le modèle de M. Dumont. On peut monter dans cette colonne en s'adressant au gardien, moyennant une légère rétribution.

Colonne Médicis. A la Halle au Blé. Cette colonne, dernier vestige de l'hôtel de Soissons, bâti par Bullant, pour Catherine de Médicis, servait, dit-on, d'observatoire à l'astrologue de cette princesse. Cette belle colonne, d'une élévation de 32 mètres, porte à son sommet un cadran solaire et à sa base une fontaine.

Colonne du Palmier. Place du Châtelet. Élevée en 1807 sur les dessins de Brosse, cette colonne a été nommée jusqu'en 1815 colonne de la Victoire. Elle est surmontée d'une statue de la Victoire et entourée à sa base de quatre statues qui se donnent la main et représentent la Loi, la Force, la Prudence et la Vigilance. Le fût de la colonne a la forme d'un palmier; il est divisé par des anneaux de bronze sur lesquels on lit les noms de nos principales victoires. Au-dessous des statues est placée une fontaine. Toutes les sculptures de ce monument ont été exécutées par Bosio.

Colonne Vendôme. Place Vendôme. Érigée en mémoire des exploits de 1805, d'après les plans de Denon, Gondouin et Lepère, et inaugurée en 1810, elle a 44 mètres de hauteur. Le fût en pierre de taille est recouvert de deux cent soixante-seize plaques faites avec le bronze de douze cents canons ennemis. Les bas-reliefs sont de Bergeret. La statue de Napoléon, en costume de César, d'après Chaudet, qui couronnait d'abord cette colonne, fut descendue en 1815 et remplacée par une énorme fleur de lis surmontée d'un drapeau blanc. Enfin en 1831 on inaugura la statue que l'on voit actuellement fondue d'après le modèle de M. Seurre, avec les canons conquis à Alger. On peut monter dans cette colonne en s'adressant au gardien moyennant une légère rétribution.

Conservatoire des Arts et Métiers. Voyez Établissements scientifiques.

Conservatoire impérial de musique et de déclamation. Rue du Faubourg-Poissonnière, 15. Fondé en 1784, par le baron de Breteuil, cet établissement forme des chanteurs, des comédiens et des instrumentistes, sous la direction de nos premiers artistes. C'est dans la salle de spectacle destinée aux exercices des élèves qu'ont lieu tous les quinze jours, du mois de janvier au mois d'avril, ces célèbres concerts où le premier orchestre de l'Europe exécute avec tant d'effet les symphonies de Haydn, de Mozart et de Beethoven.

Écoles de Droit, de Médecine, Polytechnique. Établissements scientifiques.

École militaire. Place Fontenoy et au Champ ds Mars. Le bâtiment qui porte ce nom avait été destiné, par Louis XV, à loger cinq cents gentilshommes se destinant à l'armée, mais cette école fut supprimée en 1788. L'édifice servit alors et sert encore de caserne. Il a été construit de 1752 à 1762, sur les dessins de Gabriel; sa principale façade donne sur le Champ de Mars; ses dispositions sont remarquables; la chapelle qui est superbe, et qui est abandonnée depuis 1793, va, dit-on, être rendue au culte. Pour visiter l'école il faut obtenir une permission du général commandant la première division militaire, place Vendôme.

Églises. Voyez MONUMENTS RELIGIEUX.

Établissements scientifiques.

— **Collége de France.** Place Cambrai, 1. Fondé par François Ier. Les professeurs de cet illustre établissement furent réunis, par Henri II, dans les bâtiments des colléges de Tréguier et de Cambrai; les bâtiments actuels furent construits en 1610 et considérablement restaurés et accrus dans ces dernières années. Le collége de France offre vingt-huit cours de sciences, de littérature, d'histoire, de langues, etc.; son enseignement étant en dehors de l'Université, est plus libre et plus élevé; les dames y sont admises.

— **Collége Rollin.** Rue des Postes, 34. Ce collége entretenu par la ville ne reçoit que des élèves internes.

— **Collége Stanislas.** Rue Notre-Dame des Champs, 16. Établissement particulier dirigé par des ecclésiastiques.

— **Conservatoire des Arts et Métiers.** Rue Saint-Martin, 208. Cet établissement, qui n'a pas son pareil en Europe, date de 1794. On y voit un modèle de tous les outils, de toutes les machines et de tous les appareils qui peuvent exister; nous recommandons le cabinet de chronométrie aux curieux. Quinze professeurs sont attachés à l'établissement et font des cours spéciaux pour les manufacturiers, fabricants, mécaniciens, etc. Il y a aussi une bibliothèque publique. Les bâtiments qu'occupe le conservatoire, y compris la vieille église, sont ceux de l'ancienne abbaye Saint-Martin; ils ont été restaurés récemment. Les collections sont ouvertes au public le dimanche et le jeudi, de 10 heures à 4 heures; les étrangers munis de passe-ports peuvent les visiter les mardis, vendredis et samedis, de 10 heures à 3 heures, moyennant une rétribution de 1 fr. au concierge.

— **École de droit.** Place du Panthéon. Les bâtiments datent de 1771. Les cours, faits par les théoriciens les plus distingués, sont suivis par près de 2,500 étudiants.

— **École de médecine.** Rue de l'École-de-Médecine, 14. Le magnifique bâtiment où elle est installée date de Louis XVI. L'amphithéâtre contient 1,200 personnes. Dans d'autres pièces sont installés une bibliothèque et un superbe cabinet d'anatomie, visibles les lundis, mercredis et vendredis, de 10 heures à 2 heures.

— **École de pharmacie.** Rue de l'Arbalète, 17. Dix professeurs sont attachés à l'établissement, auquel est adjoint un jardin botanique,

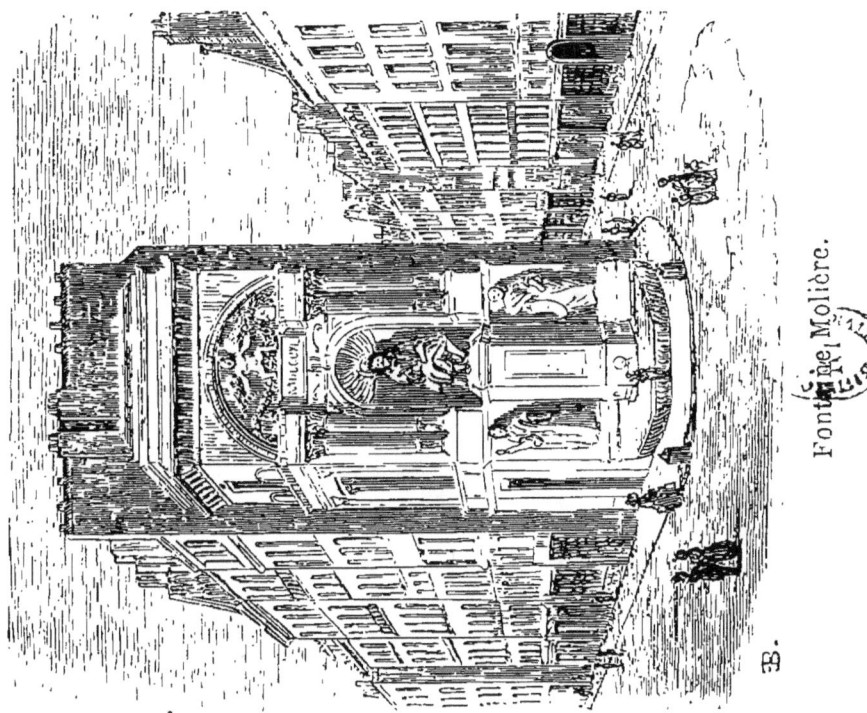

Fontaine Molière.

Fontaine de Notre-Dame.

Fontaine de la Place Saint Sulpice.

classé d'après Tournefort, et ouvert, tous les jours, de 10 heures à 4 heures.

— **École des ponts et chaussées.** Rue des Saints-Pères.

— **École des mines.** Rue d'Enfer, 34.

— **École normale.** Rue d'Ulm. Occupe depuis 1847 les bâtiments construits pour elle. Forme des professeurs pour les lycées.

— **École polytechnique.** Rue de la Montagne-Ste-Geneviève, 71. Est établie dans les bâtiments de l'ancien collége de Navarre, auquel on a fait de nombreuses adjonctions et réparations. Instituée en 1795, cette école forme des ingénieurs et des officiers d'artillerie.

— **Facultés.** L'Académie de Paris compte cinq facultés : la faculté de droit, à l'école de droit ; la faculté de médecine, à l'école de médecine; enfin les facultés des lettres, des sciences, de théologie, qui sont renfermées dans le même local.

— **Faculté des lettres, des sciences et de théologie.** Place de la Sorbonne. Ces trois facultés occupent les bâtiments formant la cour de la Sorbonne, et affectés autrefois au collége de ce nom. Il s'y fait trente-trois cours publics : les dames n'y sont pas admises.

— **Institution impériale des jeunes aveugles.** Boulevard des Invalides, n° 56. Fondée en 1791, par Haüy, cette institution, qui dépend du ministère de l'intérieur, contient environ 250 élèves de dix à quatorze ans, qui y reçoivent une éducation soignée. On peut visiter l'établissement avec un billet du directeur ou en présentant un passe-port, les mercredis, de 1 heure 1/2 à 5 heures 1/2.

— **Institution des sourds-muets.** Rue Saint-Jacques, 254. Fondée en 1770 par l'abbé de l'Épée, cette institution, qui dépend, comme la précédente, du ministère de l'intérieur, reçoit des élèves de dix à quinze ans, dont la plupart sont pensionnaires du gouvernement.

— **Lycée Louis-le-Grand.** Rue Saint-Jacques, 125. Fondé en 1560, par Guillaume Duprat, et reconstruit en 1682 par les jésuites. Reçoit des internes et des externes.

— **Lycée Napoléon.** Rue Clovis, anciennement collège Henri IV. Occupe une partie des anciens bâtiments de l'abbaye Sainte-Geneviève; la tour qu'on y voit date du seizième siècle, et la façade qui donne sur le Panthéon du quatorzième. Reçoit des internes et des externes.

— **Lycée Saint-Louis.** Boulevard Sébastopol (rive gauche). Fondé en 1280, rebâti en 1674, reçoit des internes et des externes.

— **Lycée Charlemagne.** Rue Saint-Antoine, 120. Fondé en 1582, occupe les bâtiments d'un ancien collège de jésuites et ne reçoit que des externes.

— **Lycée Bonaparte.** Rue du Havre et rue Caumartin. Anciennement collège Bourbon. Ne reçoit que des externes. Il a été construit en 1781, et sa façade principale donne rue Caumartin. L'une de ses ailes est occupée par l'église Sainte-Croix d'Antin.

— **Muséum d'histoire naturelle.** Fondé par Louis XIII en 1626, le Muséum est devenu, par les soins de Tournefort, de Vaillant, de de Jussieu, de Buffon surtout et des autres savants qui en furent successivement directeurs, un des plus beaux et des plus précieux établissements de l'Europe. Il contient les galeries de zoologie, de minéralogie et de géologie, de botanique et d'anatomie comparée, ainsi que le jardin botanique et la ménagerie. — Le jardin, connu sous le nom de Jardin des Plantes, est vaste, planté de beaux arbres et diversement accidenté. Quand on monte au Labyrinthe après avoir passé devant le cèdre du Liban, on a l'une des plus belles vues de Paris. Ce jardin est partagé en deux parties, le jardin botanique et la vallée suisse, où sont renfermés les animaux. C'est là qu'on trouve la rotonde où sont les grands animaux, comme l'éléphant, la girafe, le rhinocéros; les loges des animaux féroces, les cages des oiseaux, les parcs des espèces herbivores et enfin le palais des singes, dont les habitants attirent la foule par leurs jeux et leurs grimaces. Le jardin est ouvert au public toute la journée; la ménagerie est ouverte au public de 11 heures du matin à 5 heures du soir en hiver, de 10 heures du matin à 6 heures du soir en été. L'intérieur de la rotonde et des bâtiments des loges des animaux carnassiers se visite avec des billets. — La galerie de zoologie contient 57,500 individus empaillés avec le plus grand soin et renfermés dans des armoires vitrées; à la suite du cabinet contenant les espèces qui habitent le globe aujourd'hui, on visitera avec intérêt le cabinet des fossiles. Cette galerie est ouverte au public les lundis et vendredis, de 2 heures à 5 heures et aux personnes munies de billets les mardis, jeudis et samedis, de 11 heures à 5 heures. — La galerie de minéralogie et de géologie, divisée en trois compartiments, comprend les plus riches collections; au centre s'élève une statue en marbre de Cuvier, par M. David. On entre dans cette galerie aux mêmes heures que dans la précédente. La galerie de botanique comprend près de 50,000 espèces de plantes tirées de toutes les parties du monde; on la visite aux mêmes heures que les précédentes. La galerie d'anatomie comparée n'est ouverte au public muni de billets que le lundi et le samedi, depuis 11 heures jusqu'à 2 heures. On y voit un grand nombre de pièces naturelles ou artificielles d'anatomie humaine : des squelettes d'animaux, des squelettes humains, parmi lesquels celui de Soliman-el-Haléby, l'assassin du général Kléber; celui de Bébé, le célèbre nain du roi Stanislas; celui de la Vénus hottentote, morte à Paris. On y trouve encore des écorchés en cire d'hommes ou d'animaux, et enfin la collection craniologique du docteur Gall. Il est toujours possible d'obtenir des billets pour toutes ces galeries en présentant son passe-port à l'administration.

Exposition universelle. Voyez PALAIS DE L'INDUSTRIE.

Fontaines. Il y a à Paris 35 fontaines monumentales. Nous indiquerons seulement celles qui méritent d'être visitées.

Fontaine Saint-Michel, en face le pont Saint-Michel. Cette fontaine la plus belle de Paris, a été construite sous Napoléon III et inaugurée le 15 août 1860. Elle a 25 mètres de hauteur sur 15 de largeur. Le magnifique groupe de saint Michel terrassant le démon est l'œuvre d'un de nos jeunes artistes.

Fontaine de l'Arbre-Sec. Rue de l'Arbre-Sec. Cette fontaine, qu'on appelait autrefois fontaine de la Croix du Trahoir, a été construite sous François Ier et reconstruite en 1775 par Soufflot. La

Nymphe qui verse de l'eau dans le bassin est un ouvrage de Jean Goujon.

— **Fontaine Cuvier.** Rue Cuvier. Dédiée à Georges Cuvier. Construite par M. Vigoureux; la statue de l'*Histoire naturelle* est de Feuchères.

Fontaine Grenelle. Rue de Grenelle, 57. Cette fontaine a été construite sur les dessins de Bouchardon, qui en exécuta lui-même toutes les sculptures. Le groupe en marbre représente *Paris entre la Seine et la Marne.*

Fontaine des Innocents. Construite en 1551 par Pierre Lescot à l'angle des rues aux Fers et Saint-Denis, cette fontaine, qui n'avait alors que trois arcades, fut sculptée par Jean Goujon. On l'a transportée en 1786 à sa place actuelle en changeant sa forme et en l'augmentant considérablement. Pajou ajouta trois naïades aux figures si gracieuses de Goujon. Il est inutile de les désigner. De nos jours, cette fontaine est au milieu d'un charmant square qui a remplacé le marché des Innocents.

Fontaine Louvois. Place Louvois. Après l'assassinat du duc de Berry à sa sortie de l'Opéra, la salle de ce théâtre fut démolie et on dut construire à sa place une chapelle expiatoire. La révolution de 1830 fit avorter ce projet, et à la place de la chapelle en construction Visconti éleva, en 1835, l'élégante fontaine dont nous parlons. Elle est en bronze; autour du piédestal sont quatre statues de M. Klagmann, représentant la Seine, la Saône, la Loire et la Garonne.

Fontaine Molière. Rue Richelieu, au coin de la rue Fontaine-Molière. Cette fontaine a été élevée en 1844 aux frais d'une souscription nationale, vis-à-vis de la maison où mourut Molière. Ce monument, en marbre blanc, dessiné par Visconti, est surmonté d'une statue en bronze de notre grand poëte; à ses pieds se trouvent la Muse comique et la Muse grave. La statue est de M. Seurre et les Muses de Pradier.

Fontaine Notre-Dame. Derrière Notre-Dame. A été élevée en 1831 sur l'emplacement de l'archevêché, démoli à la suite du service célébré pour le duc de Berry à Saint-Germain l'Auxerrois. Cette fontaine est très-gracieuse : elle consiste en une statue de la Vierge Marie surmontée d'un clocheton gothique.

Fontaine de la Concorde. Voyez PLACE DE LA CONCORDE.

Fontaine Saint-Sulpice. Place Saint-Sulpice. Élevée en 1847 par M. Visconti à la place d'une fontaine transportée au marché Saint-Germain, parce qu'elle était trop petite pour la place. Le nouveau bâtiment se compose de trois bassins superposés surmontés d'une pyramide couronnée d'un dôme. Dans les quatre niches de la pyramide sont placées les statues de Bossuet, de Fénelon, Massillon et Fléchier.

Fortifications.

Afin de mettre Paris en état de défense, en cas de nouvelles invasions étrangères, le gouvernement proposa aux chambres un projet de loi ayant pour but de fortifier la capitale projet de loi qui fut adopté par elles le 3 avril 1841. — Un des articles de la loi portait que les bouches à feu nécessaires à l'armement seraient déposées à Bourges ; la loi ouvrait en même temps au ministre le crédit de 140 millions nécessaires à l'achèvement des travaux ; crédit qui a été réparti de la manière suivante :

	R. C.
L'enceinte continue.	54 361 959 22
Les 15 forts détachés et routes st.	59 635 165 69
Acquisition de terrain.	17 571 838 54
Dépenses générales.	8 531 258 55
TOTAL.	140 000 000 00

D'après le compte rendu officiel présenté aux chambres en avril 1846, la superficie totale des terrains employés par les fortifications est de 782 hectares.

DISTANCE SÉPARANT LES FORTS DE PARIS :

	AU MUR D'OCT.	AU LOUVRE.		AU MUR D'OCT.	AU LOUVRE.
Charenton...	4000 mètres	8 700 mètres.	La Briche....	» mètres	» mètres
Nogent.....	5800 »	10 600 »	Mont-Valérien.	5300 »	9000 »
Rosny.....	5800 »	10 600 »	Issy.......	4200 »	7100 »
Noisy.....	3100 »	8 400 »	Vanves.....	3700 »	6400 »
Romainville..	3800 »	6 900 »	Montrouge...	3000 »	6000 »
Aubervilliers.	4100 »	7 500 »	Bicêtre.....	2500 »	6100 »
Saint-Denis..	5200 »	8 200 »	Ivry.......	3900 »	8600 »
Couronne du N.	»	»			

Les Barrières de Paris sont nouvellement posées aux fortifications.

Garde-Meuble. Place de la Concorde. Les deux édifices connus sous ce nom ont été construits sur la fin du dix-huitième siècle, par l'architecte Gabriel. La colonnade qui en orne la façade produit un bel effet de la place de la Concorde. Ces deux beaux hôtels ont changé de destination ; l'un, celui de droite, est affecté au ministère de la marine; l'autre est occupé par divers particuliers; l'hôtel de Crillon y est placé. Le mobilier impérial a été transporté rue de l'Université, près de la Manufacture des tabacs, et on peut le visiter avec l'autorisation du ministre des finances.

Halle au Blé. Rue de Viarmes. Construite de 1783 à 1787, sur l'emplacement de l'hôtel de Soissons, démoli en 1748, dont nous avons parlé précédemment (voyez COLONNE MÉDICIS). La Halle peut contenir dans ses greniers trente mille sacs de blé. La coupole en fer qui couvre l'intérieur date de 1811, celle en bois qui existait ayant été brûlée en 1802. On entre à la Halle à toute heure.

— **Halles Centrales.** Près Saint-Eustache. Sont construites en fonte moulée et forment le plus beau marché de Paris, elles comprennent : le marché aux légumes, le marché aux pommes de terre, le marché au beurre, aux œufs et aux fromages; le marché au poisson, le marché à la viande à la criée.

— **Halles aux Draps et aux Toiles.** Rue de la Tonnellerie. Date de 1786. Près de là se trouve un marché consacré à l'herboristerie.

— **Halle aux Huîtres.** Rue Montorgueil. La vente s'y fait à la criée.

— **Halle aux Veaux.** Quai de la Tournelle. Date de 1774.

— **Halle aux Cuirs.** Rue Mauconseil, 34. Ce marché occupe l'emplacement du fameux hôtel de Bourgogne où joua Molière.

— **Halle aux Vins.** Quai Saint-Bernard. Construite de 1813 à 1825 sur de vastes proportions, cette Halle sert d'entrepôt général au commerce de vins de Paris. Chacun des principaux marchands y possède une cave. On peut monter sur la terrasse pour voir le dépotoir qui sert à vider les futailles. Les terrains occupés par la Halle faisaient autrefois partie de l'abbaye Saint-Victor.

Hôpitaux. Les Hôpitaux de Paris se divisent en hôpitaux généraux et en hôpitaux spéciaux, et contiennent ensemble sept mille cinquante-

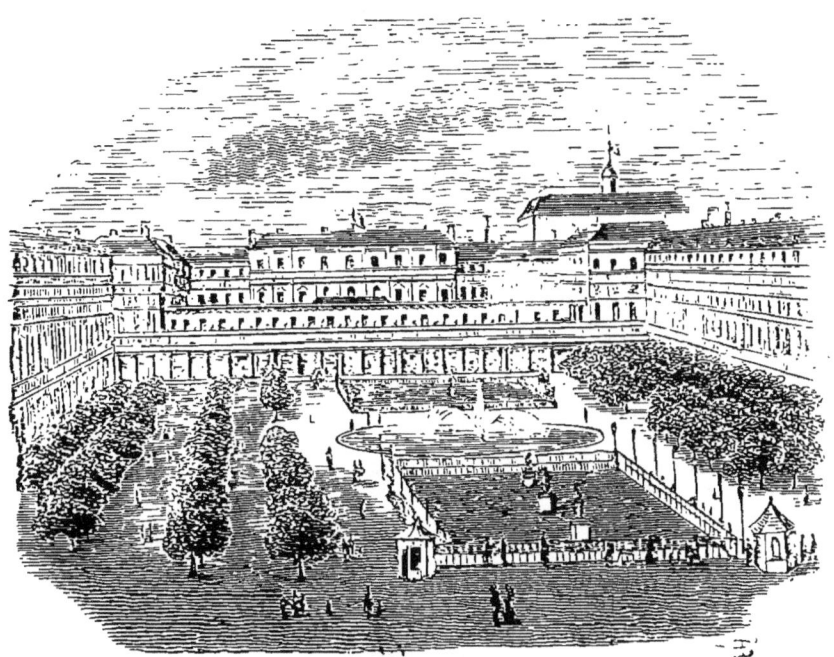

Jardin du Palais-Royal.

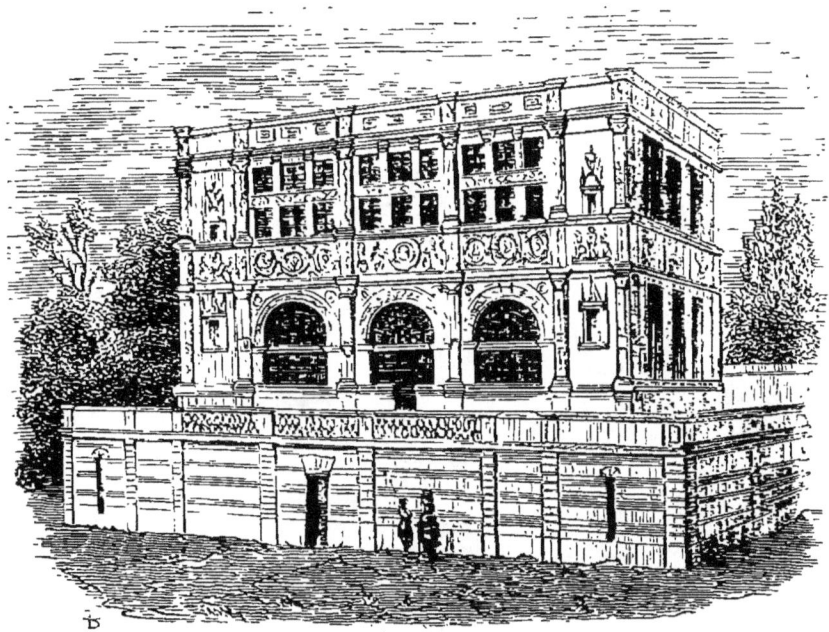

Maison de François Ier.

deux lits, ce qui, pour la population de Paris, donne un lit pour cent quarante-quatre habitants. Nous ne décrirons pas les hôpitaux ; ces asiles de la souffrance ne seront jamais un but de promenade pour l'étranger. Toutefois, si quelques personnes voulaient se rendre compte de la façon admirable dont sont tenus les hôpitaux de Paris, nous donnons l'adresse des principaux : Hôtel-Dieu, parvis Notre-Dame; la Charité, rue Jacob, 47; Hôpital du Nord ou Lariboisière, clos Saint-Lazare; la Pitié, rue Lacépède, 1. On entre dans les hôpitaux les jeudis et les dimanches, de midi à 4 heures.

Hôtel des Invalides. Esplanade des Invalides. Henri IV et Louis XIII, tout en protégeant les vieux soldats et en les logeant, l'un à l'hôpital de Lourcine, l'autre à Bicêtre, n'avaient pas encore assez fait pour eux; Louis XIV ordonna, en 1670, la construction de l'hôtel des Invalides. Bâti sur le dessin de Bruant, il fut terminé en 1675; l'église ne fut achevée que quinze ans après. Le dôme est dû à Mansard; le haut-relief représentant Louis XIV accompagné de la Justice et de la Prudence, est de Coustou, ainsi que les statues de Mars et de Minerve qui décorent l'entrée; les quatre statues qui ornent les angles des pavillons sont de Desjardins. L'hôtel contient de trois à quatre mille vieux officiers et soldats nourris, logés, vêtus, chauffés et payés selon leurs grades. Parmi les choses qu'on doit visiter on trouve, en premier lieu, l'église ornée des peintures de Jouvenet, des frères Boullogne et de Coypel, des sculptures de Girardon, et tapissée de drapeaux pris sur l'ennemi; sous le dôme se trouve le tombeau de Napoléon, dans une crypte où conduit un escalier de marbre placé derrière le grand autel. A l'entrée sont deux statues colossales de M. Duret, la Force civile et la Force militaire; une galerie couverte ornée de douze bas-reliefs, d'après des compositions de M. Simart, et de douze Victoires de Pradier, entoure le sarcophage de granit rouge sur lequel repose l'épée d'Austerlitz. On visitera encore avec intérêt les cuisines, les réfectoires, les dortoirs, la bibliothèque où l'on conserve un plan en relief de l'hôtel et la bombe qui tua Turenne. Les mansardes de l'hôtel contiennent un musée en relief des forteresses et arsenaux de France. Les étrangers peuvent visiter l'hôtel tous les jours moyennant leurs passe-ports. Les permissions pour descendre dans la crypte où se trouve le tombeau de l'Empereur s'obtiennent en écrivant au ministre d'État.

Hôtel des Monnaies. Quai Conti. Ce monument construit de 1771 à 1837, d'après les dessins de J. D. Antoine, sur l'emplacement de l'hôtel Conti, renferme un musée de médailles et de monnaies, présentant un grand intérêt pour les études numismatiques; on y voit aussi un spécimen de tous les outils dont on se servait autrefois pour la fabrication des monnaies et des modèles de machines qui étaient employés au même usage. Ce musée est ouvert au public les mardis et vendredis, de une heure à 5 heures, et aux personnes munies de passe-ports ou de cartes les lundis et jeudis, à la même heure. Avec une permission particulière de l'administration on est admis à parcourir les ateliers et les laboratoires les mardis et vendredis, de 10 heures à une heure.

Hôtel de Ville. Place de Grève. Commencé en 1533 et achevé seulement en 1605, d'après le dessin de Dominique de Cortone. Cet hôtel fut construit sur l'emplacement de la maison aux piliers et d'autres terrains qu'achetèrent le prévôt et les échevins de la ville de Paris. En 1857 l'Hôtel de Ville étant trop petit pour les besoins du service, on entreprit des travaux considérables, dirigés par MM. Godde et Lesueur. L'Hôtel de Ville a été le témoin d'une foule d'événements importants qu'il serait trop long d'énumérer; le perron qui occupe le milieu du pavillon central a vu acclamer tous les gouvernements qui se sont succédé en France. Outre les bureaux du préfet de la Seine et les appartements particuliers, situés sur le quai, l'Hôtel de Ville renferme encore des salons de réception dignes de la ville de Paris. Les choses les plus remarquables sont : le grand escalier dont les sculptures sont attribuées à Jean Goujon, la galerie des Fêtes, la salle du Trône, le salon de la Paix, décorés par nos premiers peintres, etc. La cour de l'hôtel est un trapèze entouré de portiques; sous l'arcade qui fait face à l'entrée, on voit une statue pédestre de Louis XIV, en empereur romain, par Coysevox. La façade principale de l'hôtel est ornée de vingt-huit niches contenant autant de statues d'hommes remarquables; elle est percée de trois grandes entrées, au-dessus de la principale est la statue de Henri IV, en bas-relief. L'excellente horloge de l'Hôtel de Ville est due à Lepaute.

Hôtel de Cluny. Voyez MUSÉES.

Hôtel des Ventes mobilières. Rue Drouot. Autrefois place de la Bourse, il a été transporté en 1852 dans de vastes bâtiments construits pour lui. Les ventes s'y font tous les jours, excepté le dimanche. Souvent de curieuses collections de tableaux et d'objets d'art sont exposées et rendues publiques avant la vente.

Imprimerie Impériale. Rue Vieille-du-Temple, 89. Cet établissement dont l'origine remonte à François Ier, et l'organisation à Richelieu, successivement établi au Louvre et à l'hôtel de Toulouse, fut transporté en 1809 dans un ancien hôtel construit en 1712 et ayant appartenu au cardinal de Rohan. Cette imprimerie est la plus complète qui existe et la plus riche en caractères anciens et étrangers dont la nomenclature embrasse cinquante-une langues; elle occupe près de huit cents ouvriers. Elle renferme un cabinet des poinçons, une bibliothèque composée des ouvrages sortis de ses presses et des éditions d'élite faites dans les imprimeries particulières, et enfin un musée typographique. On visite librement l'Imprimerie Impériale; il suffit d'en adresser la demande écrite au directeur. Dans la cour de l'hôtel s'élève une statue de Gutenberg, par M. David.

Institut impérial de France. Voyez PALAIS.

Jardin du Luxembourg. Dessiné par Jacques Debrosses et replanté en 1750, existe à peu près de nos jours tel qu'il était autrefois. La Convention l'embellit considérablement, car c'est elle qui fit planter la grande avenue de marronniers qui conduit à l'Observatoire, et fonda la pépinière dont les allées étroites, bordées de rosiers et de beaux arbres fruitiers, offrent une promenade pleine de silence, de fraîcheur et de parfum. On remarque dans le jardin du Luxembourg, qui l'emporte sur tous les autres par l'entretien de ses parterres et l'éclat de ses fleurs, de nombreux objets d'art, dont le plus important est la fontaine

Église Notre Dame.

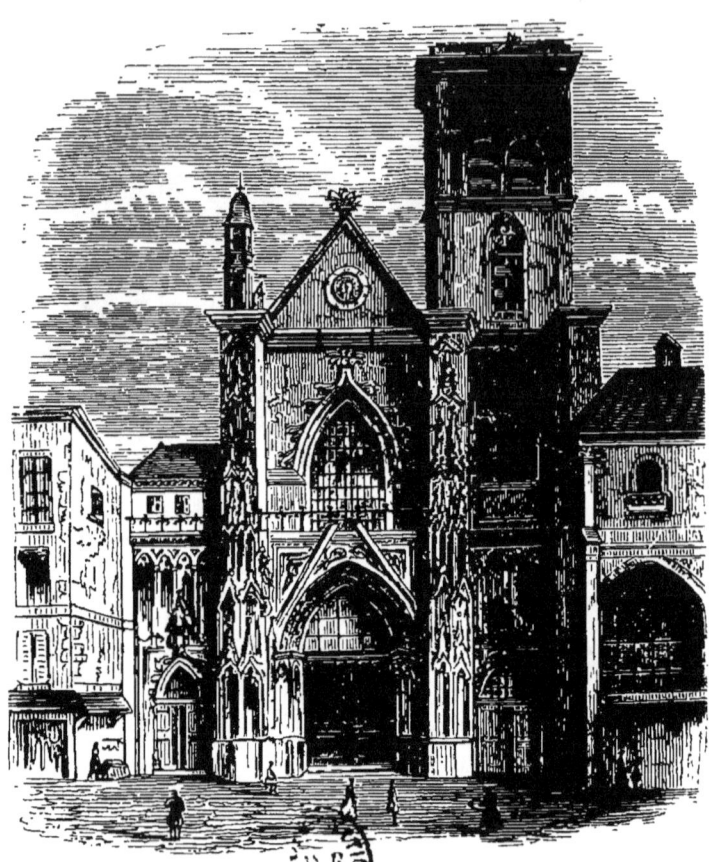

Église Saint-Merry.

Fontaine du Château-d'Eau.

de Jacques Debrosses, si riche et si ample de décoration. Les terrasses sont ornées de douze statues en marbre, représentant des femmes illustres de la France, et dont les plus remarquées sont : Blanche de Castille, par M. Dumont; Jeanne d'Arc, par M. Rude; Jeanne Hachette, par M. Bonnassieux, Valentine de Milan, par M. Huguenin, Berthe, par M. Oudiné. Au milieu du parterre qui fait face à l'Orangerie se trouve une statue célèbre de Pigalle, un Mercure en bronze.

Jardin du Palais-Royal. Il est entouré de beaux bâtiments sous les arcades desquels les flaneurs vont admirer tous ces riches magasins qui eurent tant de vogue il y a quelques années, et où les gourmets vont chercher les plus grands restaurants et les plus célèbres cafés, Véry, Véfour, les Trois Frères Provençaux, les cafés Foy, de la Rotonde, etc. Les arbres magnifiques de l'ancien jardin ont été remplacés par quatre allées de tilleuls encore jeunes mais qui réunissent, en été, vers le soir, sous leur ombre, la foule chassée des autres jardins qui se ferment à la nuit. Dans le parterre qui fait face à la galerie d'Orléans on voit une jolie figure de M. Nanteuil, l'Eurydice.

Jardin des Plantes. Voyez Établissements scientifiques (Muséum).

Jardin du Parc de Monceaux ou Mousseaux. Planté en 1778, par le père de Louis-Philippe, sur les dessins de Carmontel. Ce délicieux jardin aux splendides ombrages, aux vastes pelouses, aux doux ruisseaux, aux sites accidentés, devint pendant la Révolution un jardin public. Rendu, à la Restauration, au duc d'Orléans, il était devenu propriété de l'Etat. Aujourd'hui il est devenu public et forme une des plus jolies promenades que la capitale possède.

Jardin des Tuileries. Il était, sous Louis XIII, séparé du palais par une rue et entouré d'une muraille et d'un bastion; il contenait un hôtel habité par mademoiselle de Guise et le célèbre cabaret de Renard. En 1665, Louis XIV le fit dessiner par Lenôtre, comme il est actuellement, sauf de légères modifications. Ce jardin est remarquable par la beauté de ses arbres, la largeur de ses allées, ses bassins, dont les jets s'élèvent à une grande hauteur, et surtout par les deux magnifiques terrasses qui l'encadrent. L'allée des orangers qui s'étend le long de la terrasse des Feuillants, est le rendez-vous des *belles indolentes*, comme a dit M. de Musset. Le jardin des Tuileries renferme une grande quantité de statues dont la plupart sont des chefs-d'œuvre. Nous citerons d'abord le Remouleur, la Vénus accroupie, l'Ariane, trois bronzes fondus sur des modèles antiques, par les frères Keller, puis les gracieuses figures de Coustou et de Coysevox, qui bordent le jardin particulier, les beaux groupes de Lepautre, et parmi les œuvres modernes, le soldat de Marathon de Cortot, le Spartacus de M. Foyatier, le Philopémen de M. David, le Prométhée de Pradier, le groupe de Thésée, vainqueur du Minotaure, de Ramey fils. Les deux groupes équestres qui décorent l'entrée donnant sur la place de la Concorde, sont de Coysevox. Le jardin particulier contient des copies en bronze des plus beaux modèles antiques; devant le pavillon de Flore on voit la statue en marbre de Talma, par David.

Justices de paix. Voyez Mairies.

Louvre. Voyez Palais.

Luxembourg. Voyez Palais et Jardin.

Mairies et Justices de paix.

ARROND.
- Ier Place Saint-Germain-l'Auxerrois.
- IIe Rue de la Banque (anc. Mairie du 3e).
- IIIe Rue de Vendôme (id. du 6e).
- IVe Rue Ste-Croix de la Bretonn. (id. 7e).
- Ve Place du Panthéon (id. 12e).
- VIe Place Saint-Sulpice (id. 11e).
- VIIe Rue de Grenelle St-Germain (id. 10e).
- VIIIe Rue d'Anjou St-Honoré (id. 1er).
- IXe Rue Drouot (id. 2e).
- Xe Rue du faub. St-Martin (id. 5e).
- XIe Rue Keller et justice de paix
- XIIe Rue de Bercy (anc. Mairie de Bercy).
- XIIIe Dans le pavillon de droite de l'ancienne barrière de Fontainebleau.
- XIVe Place de la Mairie, rue de Montyon (anc. Mairie de Montrouge).
- XVe Grande rue de Vaugirard (id de Vaugirard).
- XVIe Place de la Mairie. (id. de Passy).
- XVIIe Rue de l'Hôtel-de-Ville (id. des Batignolles).
- XVIIIe Place de l'Abbaye (id de Montmartre).
- XIXe Place de l'Hôtel-de-Ville (id· de la Villette).
- XXe Rue de Paris, (id. de Belleville).

Maison de François Ier. Quai de la Conférence. Ce véritable bijou de pierre qu'on a transporté en 1823 de Moret dans un coin des Champs-Elysées, fut élevé sur les ordres de François Ier pour sa maîtresse. L'édifice forme un carré parfait élevé seulement de deux étages et décoré de sculptures qui sont toutes de Jean Goujon.

Manufacture impériale des Gobelins et des tapisseries, de la savonnerie. Rue Mouffetard, 270. Fondée en 1450 par Jean Gobelins; Louis XIV, en 1662, la créa manufacture royale et en confia la direction au peintre Lebrun. La savonnerie, créée en 1604 par Marie de Médicis, fut transportée aux Gobelins en 1826. Les tapisseries faites dans cet établissement ont une réputation européenne. Les étrangers peuvent, avec leurs passe-ports, visiter tous les jours, sauf le dimanche, la manufacture; ils trouveront là, moyennant 1 franc, un livret indiquant les curiosités de l'établissement et donnant une histoire et une description résumée de la fabrication des tapis.

MINISTÈRES. Ministère d'État. Au palais des Tuileries. On y entre par la place du Carrousel et la rue de Rivoli. Les audiences du ministre ne sont accordées aux particuliers que sur demande par écrit et motivée. Il en est de même dans tous les ministères. On remarque dans le vestibule du ministère d'Etat (entrée de la place du Carrousel) un des plus beaux ouvrages de la sculpture moderne, le groupe de Leucothoé et Bacchus, par M. Dumont.

Ministère des affaires étrangères. Quai d'Orsay, près le palais du Corps législatif. Le bureau de la chancellerie où se légalisent les passe-ports pour l'étranger est ouvert au public tous les jours, dimanches et fêtes exceptés, de 11 à 4 heures.

Ministère de la justice. Place Vendôme. Les directeurs sont visibles rue du Luxembourg, 22, les vendredis, de 3 à 5 heures.

Ministère de l'instruction publique et des cultes. Rue de Grenelle-Saint-Germain, 108. Les chefs de division reçoivent le jeudi, de midi à 4 heures.

Ministère de l'intérieur. Rue de Grenelle-Saint-Germain, 101 et 103. Les directeurs reçoivent les lundis et vendredis, de midi à 2 heures.

Ministère de l'agriculture, du commerce et des travaux publics. Rue Saint-Dominique-Saint-Germain, 62 et 64. Le secré-

Église Saint-Eustache.

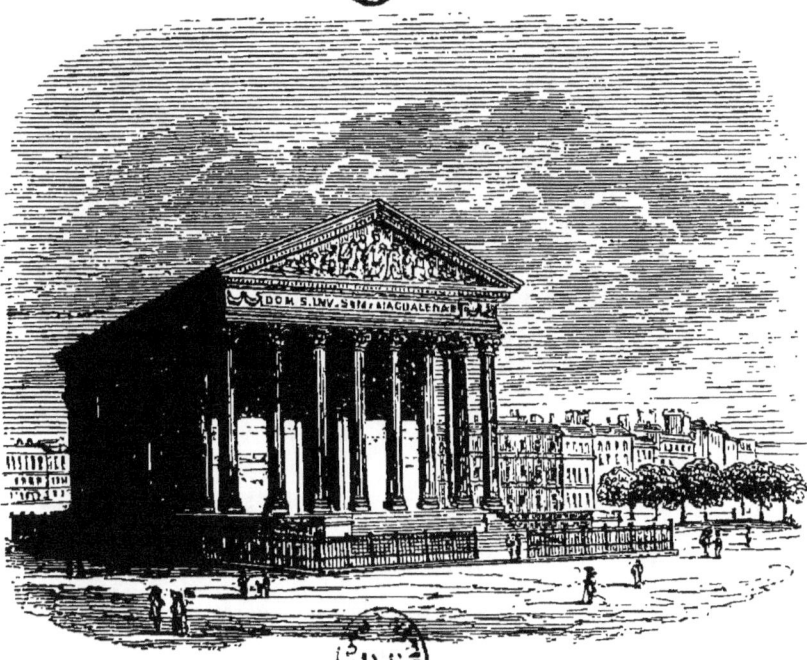

Église de la Madeleine.

Église Sainte Geneviève.

taire général reçoit les mardis et jeudis. Le directeur de l'agriculture et du commerce reçoit les lundis et vendredis, de midi à 2 heures, rue de Varennes, 84.

Ministère de la guerre. Rue Saint-Dominique-Saint-Germain, 86 et 90. Le public n'y est pas admis, mais on répond à toutes les demandes faites par écrit les mercredis, de 2 à 5 heures.

Ministère de la marine et des colonies. Rue Royale. Ce ministère possède des archives et une bibliothèque spéciale très-importantes; on peut obtenir l'autorisation d'y faire des recherches.

Ministère des finances. Rue de Rivoli, 48. Les caisses sont ouvertes au public de 9 à 2 heures; le bureau de renseignement est ouvert tous les jours, de 2 à 4 heures.

Mont de Piété. Rue des Blancs-Manteaux. Fondé en 1777, le Mont de Piété occupe de vastes établissements construits de 1781 à 1786. Il a des succursales : rue Bonaparte, 28; rue de la Pépinière, 64, et rue de la Montagne-Sainte-Geneviève, 6. Dix-neuf commissionnaires sont en outre répartis dans les divers quartiers de la ville. Le Mont de Piété prête sur toutes sortes d'objets mobiliers.

Monuments religieux. Paris renferme quarante et une églises paroissiales et un nombre à peu près égal de chapelles.

— **Notre-Dame.** Place du Parvis Notre-Dame. On ignore à quelle époque remonte la fondation de cette église métropolitaine. On sait seulement d'une manière assez positive qu'elle existait déjà sous le règne de Childebert, en 522, et que, après les dévastations des Normands, elle tombait en ruines, lorsque Maurice de Sully, évêque de Paris, en commença la reconstruction vers 1165; elle ne fut guère terminée que deux siècles après. Le grand portail, remarquable par les deux tours, la rose de 14 mètres de diamètre et la colonnade qui la surmonte, date de 1223. Dans la tour du midi se trouve le bourdon qui, fondu en 1685, a eu pour parrain et marraine Louis XIV et Marie-Thérèse; la cloche pèse 16,000 et le battant 488 kilogrammes. Le portail du midi date probablement de 1257, et celui du nord de 1415. La sacristie est de construction toute récente; elle a été bâtie sur les terrains de l'ancien archevêché. L'église est encore en ce moment l'objet d'importantes réparations. La longueur de Notre-Dame est d'environ 158 mètres, sa largeur de 46; la voûte a 35 mètres d'élévation. On remarque à l'extérieur du chœur des vieilles sculptures représentant la vie de Jésus-Christ. L'église a beaucoup souffert de la Révolution : 22 statues de rois, qui occupaient les niches du grand portail, ont disparu; bien d'autres sculptures ont été enlevées, ainsi qu'une multitude de tableaux, de reliquaires, de châsses, etc., qui formaient le trésor de l'église. — Les tours sont hautes de 68 mètres; on y monte par un escalier de trois cent quatre-vingt-cinq marches, situé dans la tour de gauche. Il n'en coûte que 10 centimes par personne.

— **Saint-Germain des Prés.** Rue Bonaparte. Bâtie par Childebert, cette église fut brûlée par les Normands, réparée par l'abbé Gozlin, et de nouveau détruite en 886. Ce ne fut qu'en 1001 que l'abbé Morand, voulant utiliser ces ruines, commença l'édifice actuel qui ne fut terminé qu'un siècle plus tard. L'église Saint-Germain des Prés, le seul monument religieux de Paris où l'on trouve des vestiges de construction mérovingienne, se fait remarquer par sa tour d'une allure simple et majestueuse. On voit dans cette église les belles peintures à la cire de M. Flandrin, et le tombeau de Casimir V, ce jésuite qui du cardinalat monta sur le trône de Pologne, et de roi devint abbé.

— **Saint-Germain l'Auxerrois.** Fondée vers 580, rebâtie, en 997, par le roi Robert, agrandie et restaurée vers 1427. Le portail date de 1431, et les peintures du porche, d'un archaïsme quasi byzantin, ont été exécutées, en 1846, par M. Mottès. La cloche de cette église, qui était la paroisse des rois de France a donné le signal de la Saint-Barthélemy. L'église a failli être détruite par le peuple, en 1831, à la suite d'un service funèbre pour le duc de Berry. Cette émeute fit fermer l'église qui n'a été rendue au culte qu'en 1838, après de grosses réparations. L'intérieur de Saint-Germain l'Auxerrois est délicat, élégant, harmonieux; on admirait autrefois un élégant jubé de Pierre Lescot et de Jean Goujon, qui n'existe plus aujourd'hui; mais on peut toujours admirer le banc d'œuvre, dessiné par Lebrun et par Ch. Perrault, et la superbe grille du chœur.

— **Saint-Merry.** Rue Saint-Martin. Cette église, commencée sous François Ier, et achevée seulement en 1612, est dérobée aux regards des curieux par les hautes maisons qui l'environnent; elle ne montre que son portail remarquable par la grâce et la délicatesse des détails. Malgré les restaurations maladroites entreprises sous Louis XIV, on peut encore admirer la hardiesse et la grâce du plan primitif, et d'ailleurs on trouverait un dédommagement dans les magnifiques sculptures dont les frères Slodtz ont orné le chœur, dans les admirables vitraux de Pinaigrier, et dans les deux beaux tableaux de Carle Vanloo : une Vierge et un saint Charles Borromée. On se souvient encore de la lutte épouvantable dont le cloître de Saint-Merry fut le théâtre, le 5 et le 6 juin 1832.

— **Saint-Séverin.** Rue Saint-Séverin. Bâtie, en 1210, sur l'emplacement du petit oratoire de Saint-Séverin, érigée en paroisse vers la fin du treizième siècle, réparée et agrandie à diverses époques, cette église est un composé du roman et du gothique; on a adapté à sa façade le portail de l'église de Saint-Pierre aux Bœufs, démolie il y a quelques années. Saint-Séverin possède un orgue dont le beau buffet est du dix-septième siècle, un maître-autel exécuté d'après les dessins de Lebrun, et dont il ne reste qu'un débris, un martyre de saint Sébastien, attribué à Murillo, et de remarquables fresques de M. Flandrin. En 1794, Saint-Séverin devint un atelier pour la fabrication du salpêtre.

— **Saint-Étienne du Mont.** Rue de la Montagne-Sainte-Geneviève. Cette église, construite en 1223, réparée et reconstruite vers 1517, est célèbre par son admirable jubé, surmonté de deux belles statues d'anges, par Biard le père; par sa superbe chaire sculptée par Lestocart, ses vitraux de Pinaigrier et de Jean Cousin, et le saint Charles distribuant ses aumônes, par Q. Varin, le maître du Poussin. Pascal, Racine, Eustache Lesueur, P. Perrault, Tournefort, Rollin, Lemaistre de Sacy, furent enterrés dans cette église qui ne renferme plus que le tombeau de sainte Geneviève, patronne de Paris.

— **Saint-Gervais.** Rue Jacques Debrosse, derrière l'Hôtel de

Ville. Cette église fut rebâtie deux fois, en 1212 et 1420, sur l'emplacement d'une basilique du sixième siècle, et restaurée en 1581. Le portail, qui date de 1621, est l'œuvre célèbre de J. Desbrosses. L'intérieur de Saint-Gervais n'a guère de remarquable que sa chapelle de la Vierge; il renferme les tombeaux de Ph. de Champagne, de Du Cange, de Boucherat, de Letellier et de Scarron. Le bedeau montre deux tableaux attribués à A. Durer et au Pérugin, dont l'authenticité est plus que douteuse.

— **Saint-Eustache**. Place des Halles, à l'entrée de la rue Montmartre. Cette église, maintenant un des plus beaux monuments de Paris, n'était, vers 1215, qu'une simple chapelle sous l'invocation de sainte Agnès. L'église actuelle, malgré son style bâtard, présente un caractère de grandeur qui saisit et émeut le spectateur; elle fut construite de 1532 à 1642, à l'exception du portail commencé en 1752, sur les dessins de Mansart, et terminé par Moreau, en 1788. Les tableaux qui ornent cette église sont médiocres, mais la chaire, exécutée sur les dessins de Soufflot, est remarquable. Colbert, Benserade, Vaugelas, La Mothe-Levayer, Tourville et Chevert, sont enterrés à Saint-Eustache.

— **Saint-Louis-Saint-Paul**. Rue Saint-Antoine. Cette église fut construite, de 1627 à 1641, sur les plans du P. Derrand, jésuite, et au moyen des dons de Louis XIII et du cardinal de Richelieu. L'intérieur ne manque pas d'une certaine grandeur et d'une certaine richesse, mais la Révolution a diminué son éclat, en brisant le mausolée du prince de Condé et le sarcophage où était enfermé le cœur de Louis XIII, deux ouvrages de Sarrazin. C'est dans cette église que Bourdaloue prononça la plupart de ses sermons; il y est enterré.

— **La Sorbonne**. Place Sorbonne. Fondée en même temps que le collège de la Sorbonne, en 1253, par Robert de Sorbon, cette église fut reconstruite d'abord en 1326, puis, sur les ordres de Richelieu, de 1626 à 1753, par Lemercier, qui éleva le premier dôme véritable qu'on vit à Paris. La Sorbonne n'aurait rien de remarquable si elle ne contenait pas le magnifique mausolée de Richelieu, exécuté par Girardon, d'après une composition de Lebrun.

— **Le Val de Grâce**. Rue Saint-Jacques. La première pierre de cette église fut posée, en 1645, par Louis XIV enfant, dans le couvent fondé par Anne d'Autriche. Elle eut plusieurs architectes : F. Mansard la commença, Lemercier la continua, Lemuet et Leduc la terminèrent en 1616. La partie la plus remarquable de cette église est le dôme dont la coupole a été peinte par Mignard. L'abbaye du Val de Grâce fut supprimée en 1790, et Napoléon en fit un hôpital militaire, destination qu'elle a conservée. Après diverses transformations, l'église fut rendue au culte, en 1826; elle contient les restes d'Henriette de France, fille de Henri IV, et femme de Charles Ier.

— **Saint-Roch**. Rue Saint-Honoré. Cette église, commencée en 1653 et achevée en 1739, trahit le commencement de la décadence de l'art pompeux mais grandiose du dix-septième siècle, et annonce l'avénement de ce style déclamatoire et faux du dix-huitième siècle, dont la chapelle de la Vierge est un éclatant spécimen. Cette paroisse, la plus riche de Paris, renferme un grand nombre de tableaux qui ne se remarquent qu'à cause des noms connus qui les signent; mais elle est plus favorisée par la sculpture. Le monument du cardinal Dubois, par Coustou, les deux bustes de Mignard, par Lemoine, et de Lenôtre, par Coysevox, le Christ en bois, d'Anguier, sont de beaux morceaux.

— **Saint-Sulpice.** Place Saint-Sulpice. Quoique cette église ait été commencée en 1646, elle est bien l'œuvre de Servandoni, qui y imprima profondément le cachet de son génie; du reste, les plus belles choses, la façade si imposante, la chapelle de la Vierge, le buffet de l'orgue, ne sont-elles pas entièrement de lui? Le plan de l'église est une croix latine dont la vaste étendue frappe d'étonnement l'œil qui la mesure. Le maître-autel est majestueusement placé entre la nef et le chœur, décoré des statues en pierre des douze apôtres, par Bouchardon. Deux énormes coquillages, donnés par la république de Venise à François Ier, servent de bénitiers. La chapelle de la Vierge, si mystérieusement éclairée, est enrichie des peintures de Vanloo et de Lemoine, et des sculptures des frères Slodtz. Les tours, construites, celle du nord, en 1749, et celle du sud, en 1777, ont 5 mètres de plus que celles de Notre-Dame; on y monte aux mêmes conditions.

— **Sainte-Geneviève (ex Panthéon).** Place du Panthéon Cet édifice fut construit, en 1764, par Soufflot, pour remplacer une vieille église de Sainte-Geneviève, qui tombait en ruines. En 1791, il fut destiné à recevoir les cendres des grands hommes de la France. Le Panthéon redevint Sainte-Geneviève sous la Restauration pour redevenir Panthéon après la révolution de juillet; enfin, un décret de décembre 1851 lui rendit sa première destination. Le Panthéon, tout le monde le sait, est un chef-d'œuvre d'architecture. Nous dirons donc seulement à l'étranger qu'il peut tous les jours le visiter dans toutes ses parties, moyennant une légère rétribution aux gardiens; nous lui conseillerons d'examiner le portique formé par vingt-deux colonnes et surmonté d'un magnifique fronton de M. David, représentant la France distribuant les couronnes à ses grands hommes; le dôme orné de peintures, dues à Gros et à Gérard; la coupole, élevée de 110 mètres, dans laquelle on peut monter et d'où l'on jouit d'une vue magnifique; enfin les caveaux, où se trouvent les tombeaux de Voltaire, de Rousseau, de Bougainville, de Soufflot, du maréchal Lannes, etc. Le poids du dôme, évalué à près de 11 millions de kilogrammes, repose tout entier sur les arcades placées sur les quatre piliers qui forment l'angle des quatre bras de la croix. Les peintures du dôme, dues à Gros, représentent l'apothéose de sainte Geneviève; celles des pendentifs, dues à Gérard, représentent la France, la Gloire embrassant Napoléon, la Justice et la Mort.

— **La Madeleine.** Boulevard de la Madeleine. Sur son emplacement existait déjà, au temps de Charles VII, une chapelle qui fut reconstruite par ce roi et consacrée à sainte Madeleine. Les travaux de l'église actuelle furent commencés, en 1764, par Contant d'Ivry, et continués par Couture. En 1790, la Révolution suspendit les travaux que Napoléon fit reprendre en 1806, pour transformer l'église en un temple de la Gloire La Restauration rendit à la Madeleine sa destination primitive; l'architecte Pierre Vignon et, après lui, Huvé conservèrent le plan de ce temple qui devint une église par décret royal. La Madeleine a plus de 100 mètres de long sur 40 de large; elle est entourée d'un pé-

Musée de Cluny (Ruines du Palais des Thermes).

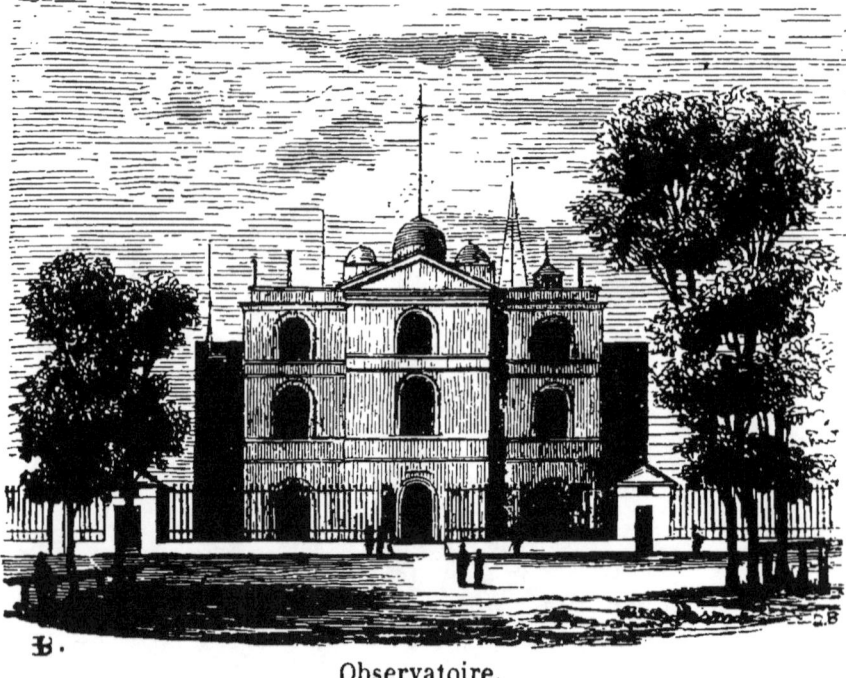

Observatoire.

ristyle formé par plus de cinquante colonnes, entre chacune desquelles on a pratiqué dans le mur une niche remplie par une statue de saint ou de sainte. La façade principale est ornée d'un fronton de M. Lemaire, représentant le Jugement dernier. L'intérieur, qui n'est qu'une nef immense, est décoré avec une richesse éclatante dans le goût des églises italiennes; les peintures et les sculptures qui l'encombrent en font un véritable musée.

— **Notre-Dame de Lorette**. Rue Laffite. Commencée en 1824, et finie en 1836 par M. Lebas, cette église, imitation d'une église romaine des premiers siècles du christianisme, forme un carré oblong de 23 mètres sur 70. La façade est décorée d'un fronton de M. Nanteuil, représentant une adoration de la Vierge et de l'enfant Jésus; à chacun des angles s'élève une statue, la Foi et la Charité, par M. Foyatier; l'Espérance, par M. Lemaire. Quelques voix chagrines se sont élevées contre le luxe et la coquetterie qui règnent dans cette église. Y prie-t-on moins bien qu'ailleurs? voilà toute la question! On remarque à Notre-Dame de Lorette la chapelle des fonts baptismaux, par Roger, et surtout les deux admirables chapelles de la Vierge et du Saint-Sacrement, par Orsel et M. Perrin. Dans la première se trouve une suave et divine statue de la Vierge, par M. Dumont.

— **Saint-Vincent de Paul**. Place Lafayette. Construite, de 1824 à 1835, sur l'emplacement d'un belvédère qu'affectionnait saint Vincent de Paul, cette église ressemble, comme la précédente, aux basiliques italiennes des premiers siècles. La façade est ornée d'un fronton représentant l'apothéose de saint Vincent de Paul, par M. Lemaire au-dessus duquel s'élèvent les statues des quatre évangélistes. L'intérieur est décoré de peintures murales par MM. Picot et Flandrin. Les architectes de ce monument sont MM. Lepère et Hittorf.

— **Sainte-Chapelle**. Au Palais de Justice. La Sainte-Chapelle, fondée par saint Louis, occupe la place d'un oratoire construit par Louis le Gros. Elle avait été élevée pour contenir les reliques achetées par saint Louis à Baudouin, empereur de Constantinople. Cet édifice est un écrin éblouissant; nous recommandons particulièrement les fenêtres fouillées avec une richesse et un goût exquis, et les vitraux aux couleurs étincelantes. Les réparations, entreprises sous le gouvernement de Louis-Philippe, sont à peu près achevées. La Sainte-Chapelle n'est pas publique; on est admis à la visiter avec des billets obtenus au ministère d'État par demande écrite.

— **Chapelle expiatoire**. Rue d'Anjou et rue de l'Arcade. Ce monument funèbre, élevé par ordre de Louis XVIII, sur les dessins de Percier et Fontaine, occupe l'emplacement du cimetière de l'ancienne église de la Madeleine, où reposèrent, depuis 1793 jusqu'en 1815, les cendres de Louis XVI et de Marie-Antoinette. On arrive au monument par une avenue de cyprès; la chapelle est divisée en trois hémicycles: dans celui de droite, on a placé un groupe en marbre blanc de Bosio représentant Louis XVI soutenu par un ange et montant au ciel; dans celui de gauche, un groupe de Marie-Antoinette et la Religion. Dans les caveaux sont les cénotaphes du roi et de la reine.

Nous avons donné quelques détails sur ces églises, qui sont les plus remarquables de Paris; nous serons plus sobres pour les autres.

— **Saint-Ambroise**. Rue Popincourt. Date de 1539, agrandie en 1818.

— **Saint-Antoine**. Rue de Charenton. Rien de remarquable.

L'Assomption. — Rue Saint-Honoré, 371. Construite de 1670 à 1676 sur les dessins du peintre Erard pour un couvent de femmes. Le dôme a 20 mètres de diamètre.

— **Saint-Denis du Saint-Sacrement**. Rue Saint-Louis, 50, au Marais. Construite de 1826 à 1835 sur l'emplacement d'une ancienne église datant de 1684.

— **Sainte-Élisabeth**. Rue du Temple, 107. Bâtie en 1628 et reconstruite en 1809.

— **Saint-Jacques du Haut-Pas**. Rue Saint-Jacques, 252. Construite de 1630 à 1688. Gaston d'Orléans en posa la première pierre et la duchesse de Longueville fournit les fonds pour son achèvement.

— **Saint-Laurent**. Rue du faubourg Saint-Martin. Construite en 1429, rebâtie en 1585. Le portail date de 1622. On y trouve un tableau de Greuze.

— **Saint-Leu**. Rue Saint-Denis. Bâtie à la fin du treizième siècle, restaurée en 1611 et 1780 ; cette église possède un beau portrait de saint François de Sales, par Philippe de Champagne.

— **Saint-Louis d'Antin**. Rue Caumartin. Rien de remarquable.

— **Saint-Louis en l'Ile**. Construite de 1664 à 1726. Ce qu'elle a de plus remarquable c'est son clocher à jour d'un effet plus bizarre qu'agréable.

— **Sainte-Marguerite**. Rue Saint-Bernard. On y voit des morceaux de peinture et de sculpture très-distingués. C'est dans un petit cimetière attenant à cette église que furent jetés les restes de Louis XVI.

— **Saint-Médard**. Rue Mouffetard, 161. Dans son cimetière eurent lieu, en 1727, sur la tombe du diacre Paris, les scènes des convulsionnaires. On fut obligé de fermer le cimetière et un plaisant afficha sur la porte ces vers :

> De par le roi, défense à Dieu,
> De faire miracle en ce lieu.

L'église, qui n'a rien de remarquable, contient un tableau de Watteau.

— **Saint-Nicolas des Champs**. Rue Saint-Martin. C'était déjà une chapelle en 957. Elle a été agrandie au quinzième et au seizième siècle. Son nom vient de ce qu'elle fut construite au milieu des champs.

— **Saint-Nicolas du Chardonnet**. Rue Saint-Victor. Renferme des peintures de Valentin, de Lesueur, de Lebrun, de Mignard, de Coypel. La chapelle Saint-Charles contient un magnifique tombeau de la mère de Lebrun, exécuté par Collignon, sur les dessins de Lebrun, et un monument élevé à la mémoire de cet artiste avec un médaillon du peintre, par Coysevox.

— **Notre-Dame de l'Abbaye au bois.** Rue de Sèvres. Ancienne chapelle d'un couvent de religieuses.

— **Notre-Dame des Victoires** (Petits-Pères). Place des Petits-Pères. Construite par Louis XIII en commémoration de la prise de la Rochelle, cette église renferme dans son chœur sept tableaux de Vanloo et dans une de ses chapelles le tombeau de Sully.

— **Saint-Thomas d'Aquin.** Place de ce nom. Le plan de cette église est du père Buffet, et le portail du frère Jacobin Bullet.

— **Sainte-Clotilde.** Place Bellechasse. Cette église, qui n'est pas achevée, est un retour à l'art gothique.

— **Saint-Eugène.** Faubourg Poissonnière.

— **Culte Protestant.** Trois églises ont été accordées au culte calviniste. L'*Oratoire*, qui fut bâti pour la congrégation du cardinal de Bérulle, est un édifice d'un goût sévère et distingué. Le service s'y fait le dimanche en français, à 11 heures 1/4 (rue Saint-Honoré, 157). La *Visitation*, construite par Mansard, pour la communauté des Visitandines. Le service se fait en français, tous les dimanches, à midi (rue Saint-Antoine, 216). *Pantemont*, chapelle de l'ancienne abbaye de Notre-Dame de Pantemont (rue de Grenelle-Saint-Germain, 108).

— **Culte Luthérien.** Il a deux temples, le premier, rue des Billettes, 16, dans l'ancienne église des Carmes; le service s'y fait le dimanche, à midi, en français, et à 2 heures en allemand. La deuxième rue Chauchat, 5; le service se fait en français le dimanche à 11 heures.

— **Culte Anglican.** Il a deux églises, rue d'Aguesseau, 5, et l'autre avenue Marbœuf, 10 *bis*. Le service s'y fait le dimanche à 11 heures et à trois heures.

— **Église Évangélique réformée.** Deux chapelles rue du Temple et rue de Provence, 44. Cette dernière, appelée chapelle Taitbout, vient d'être brûlée.

— **Chapelle Wesleyenne.** Rue Royale, près la place de la Madeleine. Le service se fait en français et en anglais.

— **Église des Suisses.** Rue Saint-Honoré, 357.

— **Église des Frères Moraves.** Rue Miroménil, 75.

— **Culte Israélite.** La synagogue est située rue Notre-Dame de Nazareth.

— **Morgue.** Quai du Marché-Neuf, dans la Cité. C'est dans ce bâtiment, construit en 1804, qu'on transporte les cadavres inconnus; ils sont exposés pendant trois jours et inhumés sur un ordre du préfet de police s'ils n'ont pas été réclamés dans ce délai.

— **MUSÉES. Musée d'Artillerie.** Place Saint-Thomas d'Aquin. Il renferme une collection d'armes magnifiques appartenant à toutes les époques et à tous les peuples. On y est admis le jeudi de midi à 4 heures avec des billets délivrés par le conservateur sur demande écrite.

— **Musée de Cluny.** Rue des Mathurins-Saint-Jacques. Il est établi dans l'hôtel Cluny, construit par Jacques d'Amboise, abbé de Cluny; cet hôtel est remarquable par la double frise et la balustrade à jour qui terminent le mur au-dessus du premier étage ; ses magnifiques fenêtres de pierre et ses élégantes cheminées méritent d'être examinées avec intérêt. Ce musée a eu pour origine la collection de M. Dussommerard, achetée par l'État en 1843 ; il contient une foule d'objets rares, de vieux habillements, d'ustensiles anciens, d'émaux, de dressoirs, de buffets, de missels, de parchemins ornés, d'ivoires, de ciselures, etc. Les salles les plus remarquables sont la chambre de la reine Blanche et la chapelle. On trouve dans l'hôtel Cluny les ruines du palais des Thermes. Le musée de Cluny est ouvert au public le dimanche de 11 heures à 4 heures. Les mercredis, jeudis et vendredis, le public est admis avec des billets d'entrée et les étrangers sur la présentation de leurs passe-ports.

— **Musée du Louvre.** Le Louvre renferme dans son enceinte dix musées : 1° le musée de peinture ; 2° le musée de sculpture antique ; 3° le musée de sculpture moderne ; 4° le musée des dessins ; 5° le musée des gravures ; 6° le musée de marine ; 7° le musée des souverains ; 8° le musée égyptien ; 9° le musée assyrien ; 10° le musée américain.

— **Musée de peinture.** Il occupe la partie de l'aile droite du Louvre construite sous Henri II et Charles IX et toute la galerie méridionale jusqu'aux Tuileries. Ce fut la Convention qui décréta que tous les tableaux réunis successivement par les soins de François Ier, de Mazarin et de Louis XIV, seraient transportés de Versailles au Louvre. Toutes les écoles de peinture, les écoles italienne, flamande, espagnole, française, etc., sont splendidement représentées dans cette galerie.

— **Musée de sculpture antique.** Il occupe le rez-de-chaussée du vieux Louvre. Parmi tous les chefs-d'œuvre qu'il renferme, nous citerons seulement le Gladiateur, la Diane chasseresse et la Vénus de Milo.

— **Musée de sculpture moderne.** Il contient les ouvrages les plus célèbres de nos sculpteurs nationaux, J. Goujon, Germain Pilon, Puget, Coysevox, Coustou, Girardon, Houdon, etc. On y trouve également deux statues de Michel-Ange.

— **Musées des dessins et des gravures.** La collection des dessins, quoique inférieure à celle de Florence, est très-belle ; elle comprend des œuvres de maître dont nous n'avons pas de tableau, entre autres de Michel-Ange. Dans les salles de calcographie se trouve la réunion des œuvres de nos grands graveurs et les exemplaires sont vendus au public au prix d'un tarif imprimé.

— **Musée de marine.** Il contient des modèles de tous les navires, des plans en relief d'arsenaux, etc.; on y remarque les débris du naufrage de la Peyrouse.

— **Musée des souverains.** On a réuni sous ce nom des insignes, armes, ornements, vases, bijoux, meubles, etc., ayant appartenu aux princes qui ont régné sur la France. Des étiquettes sont placées au bas de tous les objets.

— **Musée Egyptien.** Il se divise en deux parties, la première comprend les grandes pièces tenant au culte et aux monuments pulics, tels que statues, bustes, sarcophages, sphinx, livres, etc.; la seconde, les petits objets tenant plus aux mœurs domestiques, comme statuettes, vases, ustensiles, armes, etc.

— **Musée Assyrien**. Ce musée, qui commence à se former, offre les produits des fouilles entreprises récemment dans l'Asie Mineure ; on y remarque surtout les deux énormes taureaux à tête d'homme que nous envie le British-Museum.

— **Musée Américain**. L'on y trouve des fétiches, des ornements, des ustensiles enlevés aux temples des divinités mexicaines et aux palais des Incas.

Les salles du Louvre sont ouvertes tous les dimanches de 10 heures à 4 heures. Les étrangers sont admis les autres jours, à l'exception du lundi, en exhibant leurs passe-ports. On trouve des catalogues et des descriptions de tous ces musées chez le concierge.

— **Musée du Luxembourg**. Ce musée est exclusivement réservé aux ouvrages des artistes vivants ; malgré des lacunes regrettables, il contient des œuvres des maîtres contemporains les plus illustres. Ingres, Delaroche, Delacroix, Scheffer, Robert, Fleury, Brascassat, Dumont, Duret, Rudde, etc., y sont représentés. Les conditions d'entrée sont les mêmes pour le musée du Luxembourg que pour celui du Louvre.

— **Musée Dupuytren**. Rue de l'École-de-Médecine, ouvert au public le jeudi, de 11 à 3 heures.

— **Observatoire**. Place de l'Observatoire, derrière le jardin du Luxembourg. Cet édifice remarquable a été construit de 1667 à 1672, par les soins de Colbert, sur les dessins de Claude Perrault. Il a la forme d'un rectangle dont les quatre faces correspondent aux quatre points cardinaux ; le méridien de Paris divise l'édifice en deux parties. Le célèbre astronome Cassini fut le premier directeur de cet établissement où se sont succédé les savants les plus illustres. C'est là que le bureau des longitudes tient ses séances. C'est dans l'avenue qui conduit à l'Observatoire que fut fusillé le maréchal Ney ; sur l'emplacement où eut lieu cette exécution, on a élevé récemment une statue en bronze fondue sur le modèle de M. Rudde.

PALAIS. — Palais des Beaux-Arts. Rue Bonaparte. Ce palais, où siége l'École impériale et spéciale des Beaux-Arts, a été construit par MM. Debret et Duban, sur l'emplacement du couvent des Petits-Augustins, où M. Lenoir avait formé une collection d'objets d'art qui porta, sous la Révolution et l'Empire, le nom de Musée des Monuments français. Il se compose d'un bâtiment précédé de deux cours séparées par l'arc Gaillon, fragment du château de Georges d'Amboise, transporté là pierre à pierre en 1802. A droite de la première cour se trouve le portail du château qu'Henri II fit bâtir à Anet, en 1548, pour Diane de Poitiers, et dont Philibert Delorme et Jean Goujon furent les architectes. Dans la seconde cour on voit des fragments de sculpture et d'architecture qui sont un spécimen de l'art français depuis l'époque gallo-romaine jusqu'au seizième siècle. Après avoir traversé le vestibule du bâtiment, on entre dans une cour intérieure qui conduit dans un amphithéâtre où se font les distributions des prix ; c'est là que se trouve l'hémicycle célèbre de M. P. Delaroche. L'intérieur des bâtiments n'offre rien de bien remarquable ; au premier étage est une vaste salle qui sert aux expositions de peintures des concurrents du prix de Rome et qui renferme tous les tableaux qui ont obtenu ce prix. La façade du château d'Anet sert d'entrée à l'ancienne église des Augustins, où s'exposent les sculptures des jeunes concurrents ainsi que les envois des élèves de l'Académie de France à Rome. Le fond de la nef est occupé tout entier par la copie du Jugement dernier, de Michel-Ange. Les expositions dont nous avons parlé ont lieu pendant le mois de septembre. Les étrangers peuvent visiter le Palais des Beaux-Arts en présentant leurs passe-ports au concierge.

— **Palais du Corps Législatif ou Palais Bourbon** En face le pont de la Concorde. Ce palais, bâti en 1722, sur les dessins de Girardini, était la demeure des Condé. La Révolution le choisit pour servir de local au conseil des Cinq-Cents, et plus tard le Corps législatif en prit possession. En 1814 le prince de Condé rentra dans son palais mais en 1829 l'État acquit une partie du palais qu'il destina à la Chambre des députés. Depuis cette époque, les élus de la nation y tiennent leurs séances et longtemps ils illustrèrent par leur éloquence la tribune française. La façade du palais qui regarde le quai fut construite en 1804 par Poyet ; le bas-relief qui la couronne est de Cortot. Au pied de l'escalier on voit sur des piédestaux les statues colossales de la Justice et de la Prudence, et sur le premier plan les statues de Sully, l'Hospital d'Aguesseau et le remarquable Colbert, de Dumont père. L'entrée véritable du monument se trouve par derrière sous le portique de l'ancien Palais Bourbon. Les visiteurs (munis de leurs passe-ports) devront examiner particulièrement la salle des séances ornée des statues de la Liberté et de l'Ordre public, par Pradier, de la Justice, par M. Dumont de la Force, par M. Desprez, et de trois bas-reliefs de Ramey et M. Pettiot l'ancienne salle Louis-Philippe décorée des statues de Mirabeau par M. Jaley, de Casimir Périer, par M. Duret, du général Foy, par M. Desprez ; la salle de la Paix, où Louis-Philippe recevait les députations des deux Chambres à l'ouverture de chaque session ; et enfin la salle des Pas Perdus qui contient une belle copie de Laocoon, et des plafonds de M. H Vernet.

— **Élysée Napoléon.** Ce joli palais que l'on vient d'agrandir par la construction d'un nouveau bâtiment sur la rue du Faubourg-Saint-Honoré, et d'embellir, en l'isolant par la démolition de l'hôtel Sébastiani, a eu bien des maîtres. Il a appartenu successivement au comte d'Évreux, qui le fit construire en 1718, sur les dessins de Mollet ; à madame de Pompadour qui augmenta le jardin ; à Louis XV, qui en fit l'hôtel des ambassadeurs extraordinaires ; au financier Baujon, qui y dépensa en embellissements des sommes considérables ; à la duchesse de Bourbon, qui lui donna le nom d'Élysée Bourbon. Devenu propriété nationale en 1792, il fut loué à des entrepreneurs de jeux et de fêtes publiques. Donné en 1804 par Napoléon à Murat, qui l'habita jusqu'à son départ pour Naples, il revint à l'Empereur qui en fit sa résidence favorite. En 1816, il fut habité par le duc de Berry, devint en 1830 dépendance de la Liste civile et fut affecté, en 1848, par l'Assemblée nationale à la résidence du Président de la République. Aujourd'hui il est redevenu dépendance de la Liste civile. L'Élysée n'est pas public ; on ne peut donc visiter ni le salon de réception ni le salon de travail, où Napoléon signa son abdication après Waterloo.

— **Palais de l'Industrie.** Bâti sur l'ancien carré de Marigny, ce palais, dont la façade est ornée de statues et de bas-reliefs, étonne le regard par ses proportions gigantesques et son immense étendue. Il a été construit en moins de deux années par une compagnie financière, pour servir aux expositions de l'industrie française qui se font tous les cinq ans. En 1855, la France, suivant l'exemple donné précédemment par l'Angleterre, convoqua les deux mondes à ces nobles luttes du travail, si fécondes et si productives, et qui font seule la gloire des nations. Le vieux continent et la jeune Amérique se rencontrèrent à Paris en 1855 comme ils se sont rencontrés à Londres en 1851. L'administration des postes avait décidé qu'un bureau serait établi dans le Palais de l'Exposition; les étrangers pouvaient s'y faire adresser leurs lettres et les retirer en présentant leurs passe-ports ou en prouvant leur identité par tout autre moyen.

— **Palais de l'Institut.** En face le pont des Arts. Mazarin fonda par son testament un collége destiné à soixante gentilshommes ou principaux bourgeois de Pignerol, d'Alsace, de Flandre et de Roussillon. Les exécuteurs testamentaires du cardinal firent élever, sur les dessins de Levau, cet édifice qui s'appela collége des Quatre-Nations. Sous la Révolution, ce palais devint une maison d'arrêt, puis le siége des séances du Comité de salut public, et enfin, en 1795, l'Institut y fut installé. Le bâtiment du milieu, qui élève dans les airs sa coupole trop haute pour l'ensemble, était l'église du collége, il sert aujourd'ui de salle des séances solennelles de l'Institut. L'Institut est la réunion des cinq académies ; académie française, académie des inscriptions et belles-lettres, académie des sciences, académie des beaux-arts, académie des sciences morales et politiques. L'Académie française, fondé le 13 mars 1654, par Richelieu, se compose de quarante membres; elle tient tous les jeudis une séance particulière, non publique, et, dans le mois d'août, une séance solennelle où l'on assiste avec des billets et dans laquelle on distribue les prix de poésie et d'éloquence et les prix de vertu, fondé par M. Monthyon. L'Académie des inscriptions et belles-lettres, fondée en 1663, par Colbert, se compose de quarante membres titulaires et de dix membres libres; elle tient sa séance annuelle le premier mercredi de juillet, et ses séances ordinaires, qui sont publiques, tous les mercredis, à 3 heures. L'Académie des sciences, fondée en 1666, par Colbert, comprend soixante-cinq membres titulaires et dix membres libres; elle tient sa séance solennelle dans le mois de novembre, et ses séances ordinaires, qui sont publiques, tous les lundis à 3 heures. L'Académie des beaux-arts, qui se composa de trois académies successivement fondées, l'académie de peinture et de sculpture, en 1648, celle de musique, en 1666, et celle d'architecture, en 1671, comprend quarante membres titulaires et dix académiciens libres; elle tient tous les samedis une séance particulière qui n'est pas publique, et le premier samedi d'octobre une séance solennelle dans laquelle on décerne les grands prix de Rome et on exécute à grand orchestre la cantate couronnée. L'Académie des sciences morales et politiques, fondée en 1632, se compose de trente membres titulaires et de cinq académiciens libres; elle tient sa séance solennelle le premier samedi d'avril et sa séance ordinaire, qui est publique, tous les samedis, à une heure. De plus, les cinq académies se réunissent tous les ans au mois d'octobre, en séance publique.

— **Palais de Justice**. Rue de la Barillerie. Construit prr Eudes comte de Paris, habité par les rois de France, de Hugues Capet à Charles V, agrandi par saint Louis qui y fit élever la Sainte-Chapelle reconstruit en partie par Philippe le Bel, il devint, sous Charles VII, la demeure du Parlement. Incendié en 1618, il fut reconstruit par Jacques Desbrosses, qui éleva la salle des Pas-Perdus. Incendié de nouveau en 1776, il fut réparé par Louis XVI en 1787, et il vient d'être encore dernièrement l'objet de réparations importantes et d'agrandissements considérables. Le Palais de Justice est actuellement le siège de la Cour de cassation, de la Cour d'appel et des tribunaux de première instance et de simple police. La Conciergerie (*Voyez* Prisons) y est placée. Après la Sainte-Chapelle que nous avons décrite (MONUMENTS RELIGIEUX), les étrangers doivent visiter : La grande salle du palais où les rois recevaient les ambassadeurs et célébraient les noces des princes; elle était autrefois ornée d'une vaste table de marbre bien célèbre; la galerie des Légistes qui contient les portraits des principaux légistes français, la salle des Pas-Perdus qui a 222 mètres de long sur 84 mètres de large, et qui est ornée d'un monument élevé en l'honneur de Malesherbes; le courageux défenseur de Louis XVI est debout entre la France et la Fidélité qui lui offrent des couronnes. La statue de Malesherbes est de Dumont père, les deux autres sont de Bosio. La salle Saint-Louis où siège la Cour de cassation; la salle des Archives judiciaires où se trouvent rassemblées les pièces des procès les plus célèbres; à l'extérieur, l'horloge de la tour carrée qui vient d'être rétablie telle qu'elle était du temps d'Henri III, avec les inscriptions de Jean Passerat. Les deux tours rondes qui se dressent sur le quai datent de Philippe Auguste.

— **Palais de la Légion d'honneur**. Rue de Lille. Bâti en 1786 par l'architecte Rousseau, pour le prince de Salm, dont il porta quelque temps le nom, ce palais, mis en loterie en 1792, tomba, dit-on, en la possession d'un coiffeur; sous le Directoire, il fut habité par madame de Staël, et en 1803 Napoléon l'acheta pour en faire le siège de la Légion d'honneur et la résidence du chancelier de l'Ordre, destination qu'il a conservée. Il n'y a dans ce joli petit palais rien qui mérite spécialement l'attention, si ce n'est la porte qui offre un arc de triomphe décoré de bas-reliefs, par Roland.

— **Palais du Louvre**. Avant 1367 le Louvre n'était qu'un rendez-vous de chasse en dehors de Paris; Philippe-Auguste y avait fait construire une forteresse qui servait à la fois de prison et d'habitation royale. Vers cette époque seulement il fut compris dans la ville et habité par divers rois de France. Toutefois il tombait en ruines lorsqu'en 1528 François Ier le fit démolir et jeta les fondements du corps de bâtiment, dit le vieux Louvre. Cette partie ne fut achevée que sous Henri II. Pierre Lescot et Jean Goujon en firent les dessins et les sculptures. Charles IX y ajouta la portion de bâtiments qui borde le jardin de l'Infante et se termine au guichet qui sert d'entrée à la bibliothèque du Louvre; on voit à l'extrémité de ce bâtiment le balcon d'où, selon une tradition qui n'est rien moins qu'authentique, ce roi poëte tira sur les protestants qui essayaient d'échapper aux massacreurs de la Saint-Barthélemy en traversant la Seine. Henri IV acheva les bâtiments où se trouve l'entrée du musée et commença la grande galerie; Louis XIII éleva l'aile droite et une partie de l'aile du nord; enfin Louis XIV fit élever, d'après les dessins de Perrault, le reste des bâtiments et la magnifique colonnade qui forme façade sur la place Saint-Germain l'Auxerrois. En 1804 Napoléon fit terminer ce palais auquel sept rois avaient travaillé. Enfin c'est à Napoléon III qu'était réservée la gloire de terminer le Louvre par la jonction de ce palais à celui des Tuileries. Que de rois ont mis la main à ce Louvre terminé aujourd'hui, et que nous avons cru longtemps interminable! François Ier, Henri II, Henri III, Catherine de Médicis, Henri IV, Louis XIII, Louis XIV, Napoléon Ier, Louis XVIII. 1582 à 1855 : plus de trois siècles se sont écoulés entre la première pierre et la dernière! Treize architectes auront concouru à élever ce magnifique édifice qui n'a pas de rival dans le monde : Pierre Lescot, Ducerceau, Cambiche, Dupeirac, Métézeau, Lemercier, Lebrun, Leveau, Perrault, Percier, Fontaine, Visconti et M. Lefuel. — La cour du Louvre est une des merveilles du monde; outre les belles dispositions architecturales, on y admire les figures fines et délicates de Jean Goujon, et les cariatides grandioses de Sarrazin. Les pièces du Louvre les plus remarquables à visiter sont : La salle des Cariatides, ornée des sculptures de Jean Goujon et de Benvenuto Cellini; — la galerie d'Apollon, œuvre de Lebrun, restaurée tout récemment; — la salle des Sept Cheminées qui n'a rien conservé de son ancienne décoration; — les appartements, où est installé le musée égyptien, très-richement ornés, c'est dans la première pièce que se trouve le fameux plafond de M. Ingres, l'apothéose d'Homère; — le salon de Henri II si magnifique avec son lambris, ses portes et son superbe plafond en bois; — la chambre à coucher de Henri IV qui contient encore l'alcôve où est mort ce roi; — il ne faut pas oublier l'escalier, dit le grand escalier du Louvre, qui fait la gloire de Percier et de Fontaine! Mais ce qui doit le plus attirer les étrangers, ce qui forme le plus bel ornement intérieur du Louvre, c'est sa collection des chefs-d'œuvre de la peinture et de la sculpture!

— **Palais du Luxembourg.** Construit en 1615 par Marie de Médicis sur les dessins de Jacques Desbrosses, ce palais occupe l'emplacement d'un hôtel construit vers 1550, par Robert de Harlay, et acheté par le duc de Luxembourg, qui lui donna son nom. Il a été habité par Marie de Médicis, presque prisonnière, par Gaston d'Orléans; la grande Mademoiselle, la duchesse de Berry, qui prit Riom pour son Lauzun, et le comte de Provence, depuis Louis XVIII. Après avoir servi, sous la République de maison d'arrêt, il a été successivement occupé par le Directoire qui y ramena, sous l'influence de Barras, les mœurs trop faciles de la régence; par les consuls, le sénat, la chambre des pairs, les délégués du travail, sous la présidence de M. Louis Blanc, et par la commission exécutive. Il est redevenu le palais du sénat actuellement. L'intérieur du palais n'a rien de bien remarquable; on peut cependant visiter la salle des conférences; la salle des séances, ornée des statues des principaux législateurs, et parmi lesquelles se trouve le beau saint Louis, de M. Dumont; la chapelle et la chambre de Marie de Médicis, qui a conservé son ancienne décoration tout étincelante d'arabesques et de peintures.

— Le petit Luxembourg habité par le président du sénat n'offre dans sa construction rien de plus remarquable qu'un hôtel du faubourg Saint-Germain.

— **Palais du quai d'Orsay.** Quai d'Orsay, entrée rue de Lille. Commencé sous l'Empire et terminé sous le gouvernement de Louis-Philippe, par M. Lacornée. Ce palais a changé plusieurs fois de destination. Construit pour servir d'hôtel au ministère des affaires étrangères, Charles X voulut l'employer pour l'exposition des produits de l'industrie française. Il est actuellement occupé par la cour des comptes et le conseil d'État. On remarque dans ce monument la salle du Trône, celle des séances administratives et celle de l'intérieur.

— **Palais-Royal.** Construit de 1629 à 1646 pour le cardinal de Richelieu, sur les dessins de J. Lemercier, cet édifice porta d'abord le nom de palais Cardinal. Richelieu en fit don à Louis XIII, et Anne d'Autriche, en venant l'habiter avec ses deux enfants, l'appela Palais-Royal. Plus tard Louis XIV le donna à son frère comme apanage, et c'est là qu'eurent lieu les orgies et les soupers trop fameux du régent. Après la mort de Philippe-Égalité le palais fut confisqué au profit de la nation et servit de demeure au Tribunat. A la Restauration il revint en la possession de son légitime possesseur, Louis-Philippe, qui dépensa douze millions à le nettoyer de ses immondes galeries de bois où se pressait une population éhontée; ce prince y forma une galerie de tableaux que le peuple brûla en février, à la façon des Vandales. Aujourd'hui le Palais-Royal sert de résidence au prince Napoléon Bonaparte. Le Palais-Royal se compose d'un avant-corps flanqué de deux ailes qui présente, sur la place du Palais-Royal, sa façade sculptée par Pajou. Cet avant-corps est précédé d'une cour et suivi d'une autre cour séparée du jardin par la galerie d'Orléans, qui fut longtemps le rendez-vous général de Paris et qui est maintenant bien abandonnée.

— **Palais des Tuileries.** Ce palais fut commencé en 1564 d'après les dessins de Philibert Delorme, par Catherine de Médicis, sur l'emplacement d'une maison que François Ier avait autrefois achetée pour sa mère Louise de Savoie. Il ne se composait à la mort de Catherine que du pavillon du centre, des deux ailes adjacentes et des petits pavillons qui les flanquent de chaque côté. Henri IV y ajouta les deux corps de bâtiment qui viennent après les deux pavillons de Flore et de Marsan, et commença la galerie qui, bordant la Seine, réunit les Tuileries au Louvre. Ce fut Métézeau qui reprit, sous Louis XIII, les travaux de Ducerceau, et acheva cette galerie à partir du pavillon de Lesdiguières. En 1808 Napoléon fit commencer la galerie du nord que Napoléon III a achevée en 1855. Les Tuileries ne furent pas la résidence habituelle des rois en France aux dix-septième et dix-huitième siècles. Louis XVI n'habita les Tuileries qu'à partir du 5 octobre 1789, et tout le monde sait que ce ne fut pas de son plein gré. Napoléon consul, puis empereur, fit des Tuileries son habitation, elle devint celle des Bourbons et de Louis-Philippe. En 1848 le gouvernement provisoire voulut en faire un hôtel pour les invalides civils, mais ce projet n'eut pas de suite. Après avoir servi d'hôpital en juin 1848, de salles d'exposition en 1849, les Tuileries sont redevenues la demeure du chef de l'État. Les pièces les plus remarquables sont : la galerie de Diane, longue de 58 mètres; le salon d'Apollon, et la salle des maréchaux et amiraux de France. Les appartements des Tuileries ont été récemment restaurés avec le plus grand éclat, mais on ne peut les visiter que quand l'Empereur est en voyage.

Panthéon. Voyez Monuments religieux.

Paris n'est pas la plus grande ville de l'Europe, mais c'est la première pour le nombre, la beauté et la variété de ses monuments. De toutes les villes des Gaules, Paris est une des plus anciennes. Les Parisii, partis de la Belgique, la bâtirent dans la plus grande des cinq îles que formait alors la Seine, à l'endroit où est aujourd'hui la Cité, et lui donnèrent le nom de Lutèce. César s'empara de Lutèce après une défense acharnée; il fit rebâtir la ville à laquelle les Parisii avaient mis le feu, l'entoura de murailles et la protégea par deux tours bâties à la tête de deux ponts de bois jetés sur la Seine à l'endroit où se trouvent à présent le Pont-au-Change et le Petit-Pont. Plus tard plusieurs empereurs y établirent leur séjour, entre autres Julien, qui l'appelait sa chère Lutèce et qui habita de 355 à 361 le palais des Thermes qu'il rebâtit presque en entier. Ce fut vers cette époque que Lutèce, agrandie en dehors de l'île, vers le nord, reçut le titre de cité et le nom de Parisii. Clovis y entra après la bataille de Soissons et y établit le siége de son empire en 509. Sous les derniers Mérovingiens, Paris fut la capitale de la Neustrie, et il s'embellit considérablement pendant le règne de Childebert, qui fonda les églises de l'abbaye de Saint-Germain des Prés et de Saint-Germain-l'Auxerrois. Les Carlovingiens délaissèrent l'ancienne capitale de Clovis, qui ne reprit son éclat que sous les ancêtres de Hugues Capet, à la fois ducs de France et comtes de Paris. Sous les faibles successeurs de Charlemagne, les Normands, attirés par la richesse des églises et des monastères, se précipitèrent sur Paris en 845, le pillèrent et le livrèrent aux flammes; ils renouvelèrent plusieurs fois leurs expéditions; mais en 885 ils furent battus par le comte Eudes sous les murs de la capitale qu'ils assiégeaient depuis treize mois. Paris fut longtemps à se remettre des ravages commis par les Normands sur son territoire; mais il se releva plus brillant sous les efforts des Capétiens, qui avaient fixé leur résidence dans le Palais de Justice, et qui firent exécuter dans leur capitale d'immenses travaux d'embellissement. Louis VI entoura d'un mur de clôture les faubourgs qui s'étaient formés au nord et au midi de la Cité. Dès cette époque, Paris fut divisé en trois parties : la ville, au nord de la Seine, la Cité au milieu et l'Université au midi. La troisième enceinte de Paris fut construite par les ordres de Philippe-Auguste (1200). C'est ce prince qui fit commencer à paver les rues, dont Philippe le Hardi surveilla l'alignement et la propreté. En 1313, le parlement, rendu sédentaire à Paris, y attira les plaideurs et les gens de justice. Ce fut en 1356, sous les ordres d'Étienne Marcel, prévôt des marchands, que commencèrent les travaux de la quatrième enceinte. Le commencement du quinzième siècle déchaîna sur Paris tous les fléaux. Le massacre des Armagnacs, la disette, la peste, emportèrent dans un court espace de temps plus de cent mille personnes, et, en 1420, la ville tomba au pouvoir des Anglais qui n'en furent chassés qu'en 1436. Malgré tous ces maux, Paris comptait sous Louis XI une population de 300,000 âmes qui tendait toujours à s'accroître, et, malgré les défenses de bâtir, la capitale s'étendit considérablement dans la partie méridionale. François Ier et Henri II donnèrent tous leurs soins à l'embellissement de leur capitale qu'ils voulaient rendre rivale de Rome et de Florence. Après cent ans de tranquillité, Paris fut témoin de la lutte des catholiques et des huguenots dans la triste nuit de la Saint-Barthélemy (1572), et de la journée des barricades (1588), qui chassa de ses murs le roi Henri III. Malgré les troubles continuels de ces temps désastreux, on commença sous le règne de Charles IX le palais des Tuileries, et Henri III posa la première pierre du Pont-Neuf. Après cinq ans de guerre civile, Henri IV entra dans la capitale en 1592, et sous son règne, ainsi que sous celui de Louis XIII, s'élevèrent de nombreux établissements. Sous le règne de Louis XIII, l'accroissement des faubourgs Montmartre et Saint-Honoré exigea qu'ils fussent compris dans les murs d'enceinte, et les faubourgs du Roule et Saint-Antoine furent peuplés de maisons et sillonnés de rues nouvelles. Les troubles de la Fronde ralentirent ce mouvement; mais bientôt sur la noblesse écrasée s'éleva la monarchie absolue de Louis XIV, et quoique le grand roi eût fixé sa résidence à Versailles, de nombreux édits, dus à l'initiative puissante de Colbert, établirent la sûreté et la salubrité de Paris; enfin, de grands artistes élevèrent une foule de monuments magnifiques qui, en embellissant la capitale, devaient attester aux siècles à venir la grandeur du siècle présent. Sous le règne de Louis XV, de 1726 à 1728, on fixa l'enceinte de Paris, qui comprenait 3919 arpents, et qui sous Louis XVI en comprit 9910. Paris avait été abandonné par la cour pour Versailles; ce ne fut qu'en 1789 qu'il devint de nouveau le siège du gouvernement, et depuis cette époque il a été témoin et acteur de tous les événements qui ont agité ou pacifié la France. Napoléon Ier, les gouvernements de la Restauration et de Juillet travaillèrent également à la grandeur et à la beauté de Paris qu'ils dotèrent de monuments que nous décrirons plus loin. Aujourd'hui les vieilles ruelles du vieux Paris disparaissent pour faire place à de larges voies que l'air et la lumière parcourent en tous sens, et les travaux, poussés avec une ardeur incomparable, ont achevé cette couronne de Paris qu'on appelle le Louvre.

POPULATION DE PARIS A DIFFÉRENTES ÉPOQUES		SUPERFICIE DE PARIS A DIFFÉRENTES ÉPOQUES		
en 1514	49 000 habitants.	Sous l'empereur Julien en 382.	59	hect.
en 1789	524 186 »	Sous Philippe Auguste en 1223	253	»
en 1802	547 856 »	Sous Charles VI . . . en 1422.	439	»
en 1821	713 966 »	Sous Henri II . . . . en 1559.	483	»
en 1827	898 703 »	Sous Louis XII . . . . en 1643.	558	»
en 1831	912 053 »	Sous Louis XIV . . . . en 1710.	1104	»
en 1836	909 127 »	Sous Louis XV . . . . en 1774.	1337	»
en 1841	935 261 »	Sous Louis XVI . . en 1795.	3370	»
en 1847	1053 897 »	Sous Louis-Philippe . en 1848.	3439	»
en 1755	1053 262 »	Napoléon III . . . en 1861.	7802	»
en 1861	1800 000 »			

Places. Paris renferme un nombre considérable de places; nous ne citerons que les plus remarquables.

— Place du Carrousel. Enfermée entre les bâtiments du Louvre et les Tuileries, cette place a été entièrement modifiée par suite des gigantesques travaux qui ont réuni le palais des Tuileries au Louvre.

Au centre de la cour devant la grille des Tuileries s'élève l'arc de triomphe (voyez ce nom). Elle doit son nom au carrousel que Louis XIV donna aux deux reines Anne d'Autriche et Marie-Thérèse en 1662.

— **Place de la Concorde**. Cette place, l'une des plus belles de l'Europe, fut commencée en 1764 pour placer la statue de Louis XV, par Bouchardon, que l'Assemblée législative fit démolir en 1792, pour la remplacer par la guillotine. L'Empire lui donna le nom de place de la Concorde que la Restauration changea en celui de place Louis XVI. M. Cortot fut chargé d'élever un monument expiatoire à la mémoire de Louis XVI, mais la révolution de Juillet ne permit pas d'exécuter ce projet, et en 1836 l'obélisque de Louqsor fut dressé à la place du monument. Sous le gouvernement de Louis-Philippe M. Hittorf reprit les travaux commencés par Gabriel, il fit poser sur les huit pavillons qui entourent la place huit statues colossales des principales villes de France, il fit élever deux fontaines qui versent une masse d'eau considérable, et une quantité de colonnes et de candélabres. Les beaux groupes de Coustou, connus sous le nom de chevaux de Marly, complètent admirablement la décoration de cette place. L'obélisque formé d'un seul bloc de granit rose pèse 250,000 kilog. et mesure près de 23 mètres. Ce qui fait surtout la beauté de la place de la Concorde, c'est son entourage, la Seine, le palais législatif, le garde-meubles et la Madeleine, le jardin des Tuileries et l'avenue des Champs-Élysées que couronne l'arc de triomphe.

— **Place Royale**. Près du boulevard Beaumarchais. Bâtie de 1604 à 1612, par Henri IV, sur l'emplacement du palais des Tournelles. Cette place fut le rendez-vous de la mode et du bon ton, pendant tout un siècle; les maisons en briques rouges qui la bordent, rappellent les souvenirs romanesques de Marion Delorme et de Ninon de l'Enclos. La place Royale, appelée un moment place des Vosges, est plantée d'arbres et entourée d'une grille en fer. Aux quatre coins s'élèvent quatre fontaines semblables, et au centre, la statue de Louis XIII, qui, inaugurée en 1639, par le cardinal de Richelieu, et détruite en 1792, a été rétablie en 1819, d'après le modèle de Dupaty et Cortot.

— **Place Vendôme**. Inaugurée en 1699, en même temps qu'une statue de Louis XIV, qu'a remplacée la colonne Vendôme (voyez ce nom). Cette place est entourée d'hôtels uniformes d'une grande magnificence, construits de 1699 à 1715, sur les dessins de Mansard.

— **Place des Victoires**. Elle fut commencée en 1685, par le duc de la Feuillade. A son centre, était placée une statue pédestre de Louis XIV, couronné par la Victoire. Détruite en 1792, cette statue fut remplacée, en 1793, par une pyramide portant les noms des victoires de la République; on remplaça cette pyramide par une statue du général Desaix, qui fut enlevée en 1814, et fondue pour servir à la statue d'Henri IV. En 1822, fut inaugurée la statue équestre de Louis XIV, par Bosio, qu'on voit aujourd'hui.

Ponts. Il n'y a pas moins de vingt-cinq ponts sur la Seine, qui tous sont d'une construction remarquable. Nous ne parlerons que du Pont-Neuf qui présente les souvenirs les plus curieux.

— **Pont-Neuf**. Il fut commencé en 1598, sur les dessins d'André

Ducerceau, par l'ordre d'Henri III, et achevé sous Henri IV en 1604. Il a été restauré et remanié à diverses époques; il vient de subir d'importantes modifications; les tourelles qui couronnaient les piles ont disparu. La longueur du pont est de 230 mètres, sa largeur de 25, et le nombre de ses arches de 12. C'est sur l'emplacement du terre-plein, qui termine la Cité, que furent brûlés les Templiers en 1313; Marie de Médicis, veuve de Henri IV, y fit élever un cheval de bronze qui lui avait été donné par son père, et que devait surmonter plus tard la statue de son mari. Ce monument fut renversé en 1792, et servit à faire des canons. La statue qu'on voit actuellement, sur le terre-plein, a été fondue en 1818, par Lemot, aux frais d'une souscription nationale. La fontaine connue sous le nom de la Samaritaine et son carillon ont été détruits en 1813.

Postes. L'administration centrale des postes est rue Jean-Jacques Rousseau, 9. Il y a de plus à Paris vingt-sept bureaux ou annexes établis dans les différents arrondissements où le public peut recommander, pour les départements et l'étranger, envoyer ou recevoir de l'argent. Outre ces bureaux, qui sont ouverts de 8 heures du matin jusqu'à 8 heures du soir, dans la semaine, et 5 heures le dimanche, il y a une quantité innombrable de boîtes placées chez des marchands où l'on trouve des timbres-poste.

Télégraphie privée. Les dépêches doivent être écrites lisiblement, en langage ordinaire et intelligible, sans abréviation de mots. Elles doivent être signées par l'expéditeur.

La réponse peut être payée d'avance.

La personne qui se présente pour expédier une réponse payée doit exhiber la copie authentique de la dépêche qui en fait mention.

On peut connaître, en payant un supplément de taxe, l'heure de l'arrivée de la dépêche à destination.

On peut aussi, moyennant un supplément de taxe, s'assurer si la dépêche a été bien transmise, en la faisant collationner, c'est-à-dire répéter par le bureau destinataire.

Lorsque l'expéditeur ou le destinataire veut obtenir copie d'une dépêche par lui envoyée ou reçue, il paye un droit fixe de 50 centimes par dépêche.

Aucune dépêche déposée à un bureau télégraphique ne peut être retirée de la transmission que par la personne qui l'a transmise ou envoyée.

A Paris, le public est admis à déposer ses dépêches, sans augmentation de taxe, pour toutes les stations télégraphiques de France et de l'étranger, dans les bureaux dont l'adresse est indiquée ci-dessous:

Bureaux principaux: Rue de Grenelle-Saint-Germain, n° 103; place de la Bourse, n° 12; Hôtel des Postes, rue Jean-Jacques-Rousseau; Hôtel de Ville; boulevard de Sébastopol (rive gauche), n° 47; gare du Nord, place Roubaix, n° 24; gare d'Orléans, rue de la Gare, n° 67; caserne du Prince-Eugène, rue de la Douane; place du Havre; hôtel du Louvre, rue de Rivoli, n° 166; avenue des Champs-Élysées, n° 67.

Ces bureaux sont ouverts en été à 7 heures du matin, en hiver à 8 heures, et se ferment en toute saison à 9 heures du soir, excepté ceux de la rue de Grenelle Saint-Germain, n° 108, et de la place de la Bourse, n° 12, qui restent ouverts toute la nuit. Néanmoins, après 9 heures au soir, ces bureaux n'acceptent les dépêches privées que pour les villes où le service de nuit est organisé, et qui sont, pour la France : Bordeaux, Boulogne, Calais, Chambéry, Dijon, Lille, Marseille, Montpellier, Nancy, Narbonne, Nice, Strasbourg, Toulouse, Tours.

Préfecture de police. Quai des Orfèvres, rue de Jérusalem. C'est Louis XIV qui centralisa la police de Paris, par la création d'un lieutenant général de police ; après la Révolution, le lieutenant de police fut remplacé par un préfet. Le préfet de police a les fonctions les plus importantes ; elles peuvent se classer en trois catégories : police politique, police de sûreté, police administrative ; c'est lui qui veille à tous les actes qui ont pour but le bien-être public. La police de sûreté a pour objet la répression des malfaiteurs. La ville de Paris est divisée en quarante-huit commissariats, dont la circonscription correspond à celle des quarante-huit quartiers. C'est dans leurs bureaux que l'on doit s'adresser pour déposer les plaintes, faire rédiger les procès-verbaux des objets perdus, obtenir le certificat d'identité exigé pour la délivrance du passe-port, etc.

PRISONS. — Conciergerie. Elle est établie sous les voûtes du Palais de Justice. Sous la Terreur cette prison a reçu d'illustres victimes, entre autres Marie-Antoinette et Madame Élisabeth. En 1817, le cachot où fut détenue la reine avait été converti en chapelle expiatoire. Cette destination a été changée en 1830. Aujourd'hui on n'enferme dans la Conciergerie que les accusés traduits devant la cour d'assises.

Prison des conseils de guerre. Rue du Cherche-Midi. Elle renferme les accusés devant passer devant les conseils de guerre, et remplace l'ancienne prison de l'Abbaye qui a été démolie.

— **Dépôt de la Préfecture de police.** A la Préfecture de police. Date de 1828 et renferme les individus arrêtés momentanément par mesure d'ordre, ou les accusés destinés à être transférés dans une autre prison.

— **Prison pour dettes.** Rue de Clichy. Elle peut contenir deux cents personnes logées dans des cellules particulières, et nourries aux frais de l'incarcérateur qui doit payer 1 franc par jour ; s'il y a un retard dans le payement, le prisonnier est mis immédiatement en liberté.

— **Prison de Mazas.** Boulevard Mazas. Cette prison cellulaire modèle, construite en 1847, peut contenir douze cents prisonniers toujours isolés même pendant la messe, car le maître-autel est situé au-dessus de la rotonde de telle manière que l'officiant peut être vu de tous les prisonniers sans que ceux-ci puissent se voir ni se parler. Depuis que le gouvernement a renoncé au projet de soumettre les condamnés au régime cellulaire, cette prison est destinée à recevoir les prévenus ; elle a remplacé la prison de la Force qui était rue du Roi de Sicile.

— **Prison des Madelonnettes.** Rue des Fontaines, 14. Renferme les femmes condamnées pour dettes ou pour délits, et les jeunes filles détenues par correction paternelle.

— **Prison des jeunes détenus**. Rue de la Roquette, 43. Construite sur les dessins de M. Lebas, cette prison, hexagone régulier flanqué de tourelles aux angles, ressemble plus à un collège qu'à un lieu de châtiment; elle reçoit, comme son nom l'indique, les jeunes détenus.

— **Prison de la Roquette**. Rue de la Roquette. Construite récemment sur les dessins de M. Gau, elle renferme les condamnés aux travaux forcés ou à la peine de mort. C'est sur la place comprise entre cette prison et celle des jeunes détenus qu'ont lieu les exécutions capitales.

— **Prison Saint-Lazare**. Rue du faubourg Saint-Denis, 117. Le service de cette prison, affectée aux femmes prévenues de crimes et aux prostituées, est fait par les sœurs de charité. La chapelle et les ateliers, qui occupent près de huit cents femmes, sont remarquables. La Terreur a laissé à cette prison des souvenirs historiques. C'est de Saint-Lazare que sont datées plusieurs des plus belles pièces de vers d'André Chénier.

— **Prison Sainte-Pélagie**. Rue de la Clef. Cette prison renferme des détenus politiques complétement séparés des autres, et des condamnés à l'emprisonnement. Elle a cessé, depuis 1835, de recevoir les prisonniers pour dettes.

On ne visite les prisons qu'avec une permission du préfet de police.

PROMENADES.

— **Bois de Boulogne**. Le bois de Boulogne, situé en dehors de Paris, entre Passy, Auteuil, Boulogne et Neuilly, est, pendant la belle saison, le rendez-vous du monde élégant. On vient d'y faire des travaux d'embellissement très-considérables. Une rivière et un lac ont été creusés comme par enchantement.

— **Champs-Élysées**. Cette belle avenue, plantée de grands arbres, est sillonnée par les voitures et les cavalcades qui se dirigent vers le bois de Boulogne. Les contre-allées sont foulées par des pieds charmants et balayées par de fraîches toilettes que l'on peut admirer à son aise, assis sur de confortables chaises disposées dans toute la longueur de la promenade.

Puits artésien. A l'abattoir de Grenelle. Creusé de 1834 à 1841 par M. Mulot, ce puits jaillissant a 650 mètres de profondeur. Il est garni de tôle galvanisée et donne environ 4,320 mètres cubes d'eau par jour. Pour donner une idée de sa profondeur, nous dirons que la sonde qui a servi à le creuser avait cinq fois au moins la hauteur du dôme des Invalides.

THÉATRES. — **Théâtre impérial de l'Opéra**. Rue Lepelletier. Ce n'est que depuis 1821 que l'Opéra est situé rue Lepelletier. Lors de sa fondation il fut établi dans le jeu de paume de la rue Mazarine, puis il alla successivement rue de Vaugirard, au Palais-Royal, aux Tuileries, dans le local affecté maintenant au théâtre de la Porte-Saint-Martin, et enfin sur la place Louvois qu'il quitta après l'assassinat du duc de Berry. Le privilége de l'Opéra fut accordé en 1669 à l'abbé

Théâtre de la Comédie-Française.

Théâtre impérial de l'Odéon.

Perrin qui s'associa un compositeur nommé Cambert et le marquis de Sourdéac, très-habile machiniste. Au mois de mars 1671, on représenta dans le jeu de paume de la rue Mazarine le premier opéra français, *Pomone*, de Perrin et Cambert. En 1672, Lulli, profitant de la division qui s'était mise entre les trois associés, obtint par l'entremise de madame de Montespan un privilége qui fut le premier règlement de l'Opéra. Lulli, s'associant avec le poëte Quinault, fit représenter sous sa direction quatorze opéras dont le succès dura jusqu'en 1733, époque où apparut Rameau. Rameau régna presque sans rival sur l'Opéra jusqu'en 1775 où Glück, ce grand réformateur, quitta Vienne pour faire consacrer à Paris une réputation qu'*Iphigénie en Aulide* et *Iphigénie en Tauride* portèrent à son apogée. Les partisans de la musique ancienne appelèrent à leur aide Piccini, et la lutte commença entre les deux maîtres : lutte vive et glorieuse, animée par les pamphlets, les coups d'épée et même les coups de poing ; la querelle des Glükistes et des Piccinistes passionna la fin du dix-huitième siècle. Sous l'empire, de grands compositeurs illustrèrent l'Opéra, Chérubini, Lesueur et Spontini, avec son immortelle *Vestale*, et dans les temps plus rapprochés de nous, *Guillaume Tell*, de Rossini ; la *Muette*, d'Auber ; *Robert le Diable* et les *Huguenots*, de Meyerbeer ; la *Juive*, d'Halévy ; la *Favorite*, de Donizetti ont fait à l'Opéra un répertoire illustre ! Les pièces représentées à l'Opéra sont ou des ballets ou des opéras ; les représentations ont lieu le lundi, le mercredi, le vendredi et quelquefois le dimanche par extraordinaire.

Prix des places : Baignoires d'avant-scène, avant-scène du foyer, loges du foyer, stalles d'amphithéâtre, 10 fr.; stalles d'orchestre, loges de balcons, baignoires, premières de face, avant-scène des premières, 8 fr.; premières loges, 7 fr.; deuxièmes de face et loges intermédiaires, 6 fr.; deuxièmes de côté, troisièmes de face, 4 fr.; troisièmes de côté, quatrièmes de face, amphithéâtre, 2 fr. 50 ; parterre, 4 fr. On peut louer les places d'avance moyennant un quart en plus. Il en est de même dans les autres théâtres.

Théâtre de la Comédie-Française. Rue de Richelieu. En 1680, Louis XIV décida par lettres patentes que les deux troupes du Palais-Royal, où furent jouées les chefs-d'œuvre de Corneille et de Molière, et de l'hôtel de Bourgogne, illustré par les tragédies de Racine, n'en formeraient plus qu'une, et que la Comédie-Française serait établie dans la salle Guénégaud. En 1689, cette salle se trouvant trop petite, les comédiens en firent bâtir une autre rue de l'Ancienne Comédie, en face le café Procope, qu'ils occupèrent pendant cent un ans et dans laquelle ils représentèrent les ouvrages de Regnard, de Dancourt, de Voltaire, de Destouches, de Marivaux ; le *Turcaret*, de Lesage ; le *Philosophe sans le savoir*, de Sedaine ; le *Barbier de Séville*, de Beaumarchais. En 1770, les comédiens ordinaires du roi désertèrent cette salle qu'ils trouvaient indigne d'eux, et après avoir été logés pendant quelque temps aux Tuileries où eut lieu l'ovation de Voltaire, le soir de la représentation d'*Irène*, ils allèrent s'établir dans la salle bâtie sur l'emplacement de l'hôtel Condé (depuis Odéon) ; c'est là que fut représenté le *Mariage de Figaro* et que débuta Talma. En 1790, la troupe se divisa en deux ; une partie des comédiens, à la tête desquels se trouvait

Talma, vint jouer dans la salle des Variétés, au Palais-Royal, jusqu'en 1801, où le premier consul établit dans la rue de Richelieu la Comédie-Française reconstituée. Depuis cette époque, bien des hommes de talent ont travaillé pour la première scène française ; nous trouvons, en laissant de côté les poëtes de l'Empire assez justement oubliés de nos jours, Victor Hugo, Casimir Delavigne, Alexandre Dumas, Alfred de Vigny, Scribe, Alfred de Musset, etc., dont la Comédie-Française fait alterner les ouvrages avec les chefs-d'œuvre consacrés dont elle a la garde et qui sont son illustration ! Parmi les artistes qui ont passé sur cette scène pleine de grands souvenirs, nous en rappellerons deux qu'il suffit de nommer Talma et mademoiselle Mars ! De nos jours mademoiselle Rachel a interprété Racine et Corneille avec une grande puissance et un grand éclat ! La Comédie-Française représente des tragédies, des drames et des comédies.

Prix des places : Avant-scène du rez-de-chaussée, 8 fr.; loges du rez-de-chaussée (premières et deuxièmes), 7 fr.; loges de la galerie, stalles de premier balcon, 6 fr. 60; premières loges de face (deuxième rang), 6 fr.; premières loges découvertes (deuxième rang), première galerie, stalle d'orchestre, 5 fr.; deuxième balcon, 4 fr.; deuxièmes loges (troisième rang), 3 fr. 50; galerie des deuxièmes loges, parterre, 2 fr. 50; troisièmes loges (quatrième rang), 2 fr.; deuxième galerie, 1 fr. 50; amphithéâtre, 1 fr.

Théâtre impérial de l'Opéra-Comique. Place Favart. L'Opéra-Comique a pour origine le théâtre de la foire. Après avoir été fermé plusieurs fois à la demande de l'académie de musique, de la Comédie-Française et du Théâtre-Italien, qui s'étaient émus des succès de cette petite scène, succès dus à l'habileté de Favart, qui composa pour le théâtre, dont il était le directeur, de charmantes pièces interprétées par sa ravissante femme, l'Opéra-Comique vit son existence reconnue en 1752. En 1780 la Comédie-Italienne demanda sa réunion à l'Opéra-Comique ; elle eut lieu sur le théâtre de l'hôtel de Bourgogne où furent représentés les principaux chefs-d'œuvre de Grétry. L'Opéra-Comique, après avoir été établi successivement, en 1783, dans la salle qu'il occupe aujourd'hui, puis dans la salle Feydeau (qui n'existe plus aujourd'hui), et enfin place de la Bourse (où est actuellement le Vaudeville), a été définitivement installé en 1840 dans la salle Favart reconstruite pour lui. D'illustres compositeurs ont travaillé pour l'Opéra-Comique : Daleyrac, Méhul, Chérubini, Lesueur, Berton, Nicolo, Carafa, Boïeldieu avec son immortelle *Dame Blanche*, Hérold avec son magnifique *Pré aux Clercs*, M. Auber, le spirituel et gracieux auteur du *Domino noir*, de l'*Ambassadrice*, de *Fra Diavolo*, de la *Fiancée*, etc.; M. Halévy qui compte sur ce théâtre deux grands succès, l'*Eclair* et les *Mousquetaires de la Reine*; M. Ambroise Thomas qui a composé le *Caïd* et le *Songe d'une nuit d'été*, et d'autres encore ! L'Opéra-Comique représente des ouvrages dont la musique, qui laissait autrefois une grande part au dialogue, tend dans ses usurpations incessantes à s'élever à la hauteur de l'Opéra. De là des récriminations !

Prix des places : Avant-scène des baignoires et des balcons, loges de la première galerie de face, avec salons, 7 fr.; avant-scène des loges de la première galerie, loges de la première galerie de face, sans salons,

Théâtre des Italiens.

Prison de la Roquette.

premières loges de face, avec salons, fauteuils de la première galerie, fauteuils d'orchestre, loges de la première galerie de côté, 6 fr.; fauteuils de balcon, 6 fr. 50; avant-scène des premières loges, première loges de côté, avec salons, baignoires, 5 fr.; premières loges de côté san salons, 4 fr.; avant-scène des loges de la deuxième galerie, 3 fr.; parterre, deuxième galerie, 2 fr. 50; loges de la deuxième galerie de face 2 fr.; loges de la deuxième galerie de côté, 1 fr. 50; amphithéâtre, 1 fr.

— **Théâtre impérial de l'Odéon.** Place de l'Odéon. Cette salle fut appelée ainsi parce qu'il avait été décidé, lors de sa construction, qu'on y jouerait des opéras et des ouvrages mêlés de chant. Après la scission dont nous avons parlé à l'article Comédie-Française, une troupe dirigée par Picard, à la fois auteur et acteur, et dans laquelle se trouvait mademoiselle Raucourt, exploita ce théâtre de 1798 à 1804. Lorsque la réunion eut lieu, Picard conserva la direction de l'Odéon où il fit jouer toutes ses pièces, dont quelques-unes sont encore goûtées aujourd'hui. Incendié deux fois, l'Odéon rouvrit en 1809, sous le nom de second Théâtre-Français. Longtemps malheureux, malgré ses grands succès de *Robin des Bois*, des *Vêpres Siciliennes*, des *Comédiens*, du *Paria*, malgré les efforts de ce spirituel Harel, qui lutta toute sa vie contre la mauvaise fortune, l'Odéon, grâce à la subvention que lui accorde le gouvernement, voit aujourd'hui luire des jours meilleurs. Il ne faut pas oublier que c'est sur ce théâtre que se font les débuts littéraires dont quelques-uns n'ont pas été sans éclat; rappelons Casimir Delavigne et ses trois ouvrages cités plus haut, Alexandre Dumas, Frédéric Soulié, Ponsard, avec *Lucrèce*, Augier, avec la *Ciguë*, Peillon, avec *Richelieu*, Phil. Boyer, avec *Sapho*. Balzac et madame Sand donnèrent à ce théâtre leurs premiers ouvrages dramatiques, les *Ressources de Quinola* et *François le Champi*. Voilà de nobles titres et de glorieuses traditions qui font dédaigner à l'Odéon les épigrammes moisies de MM. les calicots en belle humeur, et de MM. les vaudevillistes sans orthographe. L'Odéon représente des tragédies, des drames et des comédies; il partage avec la Comédie-Française le privilège de jouer l'ancien répertoire.

Prix des places : Avant-scène des premières, 6 fr ; loges à salon, avant-scène du rez-de-chaussée, 5 fr.; premières loges fermées, de face, 4 fr.; premières loges fermées, de côté, premières loges découvertes, stalles de balcon, 3 fr.; stalles de la première galerie et d'orchestre, baignoires, 2 fr. 50; deuxièmes loges, 2 fr.; deuxième galerie, parterre, 1 fr. 50.

— **Théâtre-Italien.** Place Ventadour. C'est en 1752 que parut à Paris la première troupe de chanteurs italiens. Les premiers opéras qu'ils représentèrent furent la *Serva Padrona* et *Il Maestro di Capella* de Pergolèse. L'existence des Bouffes, comme on les appelait alors, fut très-agitée, et après des phases de suppression et de protection, ils ne furent établis définitivement à Paris qu'en 1815, sous la direction de madame Catalani. La période illustre des Italiens va de 1819 à 1848 où les immortels ouvrages de Mozart, de Rossini, de Bellini, de Donizetti furent interprétés par Bordogni, Pellegrini, Rubini, Tamburini, Lablache, Mario, madame Pasta, Naldi, Malibran, Sontag, Pisanori, Grisi, Persiani, etc. Après les événements de février, cette grande scène, qui a eu tant d'influence sur nos compositeurs et sur nos chanteurs, fut délaissée par le public élégant qui s'y pressait autrefois. Et depuis, malgré les efforts de directeurs actifs, malgré le prodigieux talent de l'Alboni, le Théâtre-Italien n'a pas pu parvenir à retrouver son ancienne splendeur. Les représentations, qui commencent le 1er octobre pour finir le 31 mars, ont lieu le mardi, le jeudi, le samedi et quelquefois par extraordinaire le dimanche.

Prix des places : Premières loges et deuxièmes de face, stalles d'orchestre et de balcon. 10 fr ; rez-de-chaussée, deuxièmes de côté, 7 fr. 50; troisièmes de face, 6 fr.; troisièmes de côté, 5 fr.; quatrièmes, 4 fr. 50; parterre, 4 fr.

— **Théâtre du Vaudeville.** Place de la Bourse. En 1790, l'Opéra-Comique ayant congédié ses acteurs qui ne jouaient que la comédie et le vaudeville, ceux-ci allèrent, sous la direction de Piis et de Barré, fonder, rue de Chartres, un théâtre qu'ils nommèrent Théâtre du Vaudeville. Ce théâtre, après avoir obtenu, sous la République et sous l'Empire, de grands succès avec des pièces de circonstance, servit aux débuts de M. Scribe, le réformateur du vaudeville. Mais bientôt Desaugiers, devenu directeur du théâtre, dut aviser à réparer la perte de M. Scribe, entraîné au Gymnase par M. Poirson; il remplaça la comédie sentimentale par le vaudeville gai, et il retrouva le succès ! La littérature Duvert et Lauzanne venait d'éclore avec son inimitable interprète Arnal ! En 1838, un incendie détruisit le théâtre de la rue de Chartres, et après avoir occupé pendant quelque temps une petite salle du boulevard Bonne-Nouvelle, le Vaudeville vint s'établir, en 1840, place de la Bourse. Dans ce nouveau local, les faillites se succédèrent avec une périodicité malheureuse; néanmoins, elles furent séparées les unes des autres par quelques intervalles de prospérité, dont le plus célèbre fut rempli par la *Dame aux Camélias* et les *Filles de marbre*. Aujourd'hui le Vaudeville lutte contre la mauvaise fortune qui s'acharne contre lui. En triomphera-t-il? Le Vaudeville joue des comédies et des vaudevilles.

Prix des places : Avant-scène du rez-de-chaussée et du foyer, 6 fr.; fauteuils d'orchestre et de balcon, loges de face fermées ou foyer, loges découvertes ou foyer, avant-scène des premières, 5 fr.; fauteuils de la première galerie, baignoires, 4 fr.; premières loges de face, 3 fr. 50; premières loges de côté, 2 fr 50; deuxièmes loges et parterre, 2 fr.

— **Théâtre des Variétés.** Boulevard Montmartre. Ce théâtre fut fondé par mademoiselle Montansier en 1790, au Palais-Royal; il y resta jusqu'en 1808, où il vint s'établir dans la salle qu'il occupe à présent. Les Variétés ont eu un passé brillant dû au talent de Brunet, de Tiercelin, de Potier, de Vernet et d'Odry. C'est là que furent représentés les *Saltimbanques*, une des rares comédies de notre époque qui resteront ! Aujourd'hui, ce théâtre ne prouve son existence que par ses affiches devant lesquelles on passe sans daigner les regarder ! Arnal lui-même ne peut pas attirer de spectateurs dans cette nécropole.

Prix des places : Avant-scène du rez-de-chaussée et des premières, 6 fr.; stalles d'orchestre, balcon, loges de la galerie, 5 fr.; orchestre, premières galeries, deuxièmes loges de face, 4 fr.; deuxièmes loges de côté, pourtour, 2 fr. 50; parterre et deuxièmes galeries, 2 fr.

— **Théâtre du Gymnase dramatique**. Boulevard Bonne-Nouvelle. Ce théâtre s'ouvrit en 1820 sous la direction de M. Poirson, un homme d'esprit qui le prouva bien en enlevant M. Scribe au Vaudeville pour l'attacher par des traités au Gymnase dont le fécond académicien fit la gloire et la prospérité! La société aristocratique courut au théâtre de Madame (le Gymnase avait obtenu la faveur de porter ce nom) applaudir les comédies de M. Scribe, pleines de jeunes veuves et de colonels impossibles, mais pleines aussi d'esprit, de grâce et de sentiment. En 1842, M. Poirson se brouilla avec la société des auteurs dramatiques qui mit son théâtre en interdit, et le Gymnase tomba dans une décadence dont M. Montigny, le nouveau directeur, vient de le relever, après des années de luttes et d'efforts, à l'aide d'une troupe extraordinairement distinguée et de pièces choisies avec un tact parfait. C'est sur cette scène que Bouffé, acteur contesté, mais vivement apprécié d'une grande partie du public, a créé ses rôles les plus célèbres. Le Gymnase représente des vaudevilles, des comédies et même des drames.

Prix des places : Avant-scène, 6 fr.; loges de galeries, fauteuils d'orchestre et de balcon, 5 fr.; fauteuils de galeries, baignoires, stalles d'orchestre, premières loges fermées, 4 fr.; premières loges découvertes, 3 fr ; deuxièmes loges et parterre, 2 fr.

— **Théâtre de la Montansier**. Au Palais-Royal, dont il porta le nom jusqu'en 1848. Ce théâtre est établi dans le local où mademoiselle Montansier fonda les Variétés. Après des périodes de danseurs de corde, de fantoccini, d'intermèdes comiques écoutés entre une tasse de café et une chope de bière, le théâtre de la Montansier ouvrit comme théâtre en 1831. Depuis cette époque, il brille de tout l'éclat d'une prospérité continuelle à laquelle ont concouru mademoiselle Déjazet, ce symbole de l'éternelle jeunesse, cet esprit mordant, cette grâce mutine, cette élégance fine, railleuse et débraillée; Alcide Touzet, cette naïveté sublime, que le théâtre n'a pas remplacé, pas plus que Sainville, ce comédien de tant d'humour, et Leménil, et Achard, et d'autres encore. Mais il reste encore Ravel, Hyacinthe, Amant et cet étonnant Grassot, qui a reculé jusqu'aux dernières limites les bornes du possible. Le théâtre de la Montansier représente des vaudevilles quelque peu osés. Ce n'est pas là que la mère doit conduire sa fille.

Prix des places : Avant-scène, premières loges de face et de balcon, fauteuils de balcon et d'orchestre, 5 fr.; fauteuils d'amphithéâtre, avant-scène des deuxièmes, deuxièmes loges de face, baignoires, 4 fr.; deuxièmes loges de côté, pourtour de rez-de-chaussée, 2 fr. 50; parterre, 1 fr. 50.

— **Théâtre Lyrique**. Boulevard du Temple. En 1846, M. Alexandre Dumas obtint, par la protection du duc de Montpensier, le privilége d'un théâtre qui fut construit sur l'emplacement de l'hôtel Foulon et qu'on appela Théâtre-Historique. Ce théâtre ferma en 1851, après avoir fourni une carrière malheureuse. La salle fut affectée au Théâtre-Lyrique, qui donne le même genre d'ouvrages que l'Opéra-Comique.

Prix des places : Avant-scène du rez-de-chaussée et de la galerie, 6 fr ; loges de la galerie, 5 fr.; avant-scène du théâtre, 4 fr. 50; avant-scène des premières, fauteuils d'orchestre et de la galerie, 4 fr.; baignoires, 3 fr. 50; stalles d'orchestre, fauteuils du premier balcon, 3 fr.; premières loges découvertes, stalles du premier balcon, 2 fr. 50; deuxième galerie, 2 fr.; parterre, 1 fr. 50.

— **Théâtre de la Porte-Saint-Martin.** Boulevard Saint-Martin. Il occupe la salle que Lenoir bâtit en soixante-quinze jours pour l'Opéra. Le théâtre de la Porte-Saint-Martin, ouvert en 1814, a jeté un grand éclat par l'accueil fait à l'école romantique exclue de la Comédie-Française, et par le talent de Frédérick-Lemaître, de Bocage, de mademoiselle Georges et de madame Dorval. C'est là que furent représentés la plupart des drames de M. Dumas, *Lucrèce Borgia* et *Marie Tudor*, ces œuvres vigoureuses de Victor Hugo! La Porte-Saint-Martin représente des drames, des vaudevilles en un acte, des féeries et des ballets.

Prix des places : Avant-scène du rez-de-chaussée et des premières, 6 fr.; premières loges de balcon, baignoires, avant-scène des deuxièmes loges de face ou premier rang, 5 fr.; loges de la galerie, fauteuils de balcon d'avant-scène, 4 fr.; fauteuils d'orchestre et de balcon de face, 3 fr.; stalles de la première galerie et d'orchestre, premières loges découvertes de la galerie, 2 fr. 50; stalles de secondes et parterre, 2 fr.

— **Théâtre de l'Ambigu-Comique.** Boulevard Saint-Martin. Ce théâtre, fondé par Audinot, sur l'emplacement où existe actuellement le théâtre des Folies-Dramatiques, offrit d'abord au public des marionnettes et des enfants qui obtinrent le plus grand succès. Plus tard *madame Angot au Sérail de Constantinople*, passionna pendant six mois le public de 1798. Ce ne fut qu'en 1829 que l'Ambigu fut transféré dans la salle du boulevard Saint-Martin; depuis cette époque, il n'a guère fait que végéter malgré une troupe remarquable et des pièces intéressantes; bien des directeurs se sont ruinés, aucun ne s'est enrichi. Ce théâtre joue le même genre d'ouvrages que la Porte-Saint-Martin, mais il accueille moins volontiers l'élément littéraire.

Prix des places : Avant-scène ou rez-de-chaussée et des premières loges des premières de face, 6 fr.; fauteuils d'orchestre des premières et du balcon, premières loges découvertes, 5 fr.; stalles d'orchestre et baignoires, 2 fr. 50; fauteuils de pourtour et des secondes, 2 fr.; parterre 1 fr. 25.

— **Théâtre de la Gaieté.** Boulevard du Temple. L'origine de ce théâtre remonte jusqu'à Nicolet, dont le singe eut un si grand succès en 1767. La Gaieté, dont le répertoire n'a jamais justifié le titre, eut pour directeur pendant dix ans le célèbre Guilbert de Pixérécourt, le maître du mélodrame et du combat à la hache. Le théâtre de la Gaieté a eu des succès éclatants, parmi lesquels le *Sonneur de Saint-Paul*, la *Grâce de Dieu* et dernièrement les *Cosaques;* il représente des drames, des vaudevilles et des féeries.

Prix des places : Avant-scène des premières et du rez-de-chaussée, premières loges de face, 5 fr.; baignoires, stalles de premières galeries, de balcon, d'orchestre, 4 fr.; orchestre, 2 fr. 50; pourtour, 2 fr.; parterre, 1 fr.

— **Bouffes parisiens.** Ce théâtre, placé passage Choiseul, occupe

Halle au blé.

Tour Saint-Jacques-la-Boucherie.

l'emplacement de l'ancien petit théâtre Comte, son genre est spécialement les scènes bouffonnes.

L'été, les représentations ont lieu aux Champs-Élysées.

— **Théâtre-Impérial.** Boulevard du Temple. Après avoir été d'abord un cirque olympique, puis un théâtre lyrique tué sous la direction de M. Ad. Adam, ce théâtre est resté l'asile des pièces militaires. Les grands faits d'armes de l'Empire et de la République passent devant les yeux d'un public enthousiaste, qui n'entend pas le dialogue à cause des coups de fusil. Le Théâtre-National joue aussi des féeries qui ont souvent attiré la foule.

Prix des places: Avant-scène du rez-de-chaussée et des premières, 5 fr.; premières loges de face, 4 fr.; fauteuils des premières, stalles d'orchestre, 3 fr.; stalles de balcon, baignoires, 2 fr. 50; orchestre, 2 fr.; deuxième galerie, 1 fr. 50; parterre, 1 fr.

— **Folies-Dramatiques.** Boulevard du Temple. Ce petit théâtre, fréquenté par les jeunes ouvrières du quartier du Temple et les petits rentiers du Marais, représente des vaudevilles tantôt gais, tantôt mélancoliques, qui ont le don de remplir la caisse.

— **Délassements-Comiques.** Boulevard du Temple. Ce théâtre est le rival du précédent. C'est à ce même emplacement qu'était autrefois le théâtre où la célèbre danseuse madame Saqui donnait ses représentations.

— **Funambules.** Boulevard du Temple. Autrefois on y dansait sur la corde, aujourd'hui on y joue des vaudevilles et des pantomimes. C'est là que pendant plusieurs années Pierrot Debureau reçut et donna tant de coups de pied. ...

— **Théâtre du Petit-Lazary.** Boulevard du Temple. Ce qu'il y a de de plus amusant à ce théâtre, c'est le public! C'est sur cette scène que débuta Pierron, auteur et comédien qui met dans ses pièces et dans ses rôles tout l'esprit de Beaumarchais, *son grand-oncle.*

— **Théâtre du Luxembourg.** Rue de Fleurus. Ce théâtre, que les élégants de la barrière Montparnasse appellent *Bobino*, joue tous les soirs, à ce qu'on dit.

— **Théâtres hippiques.** Ils sont au nombre de trois : le **Cirque Napoléon** (boulevard des Filles-du-Calvaire) qui donne ses représentations de voltige, haute école, tours de force, etc., en hiver, et ferme ses portes au moment où le **Cirque de l'Impératrice** (aux Champs-Élysées) ouvre les siennes. Le prix de ces cirques est de 2 fr. aux premières et de 1 fr. aux secondes. L'**Hippodrome** (barrière de l'Étoile) est une vaste arène qui a pour plafond le ciel, et qui est ouverte les dimanches, mardis, jeudis et samedis quand le temps le permet. On y exécute à peu près les mêmes exercices que dans les deux cirques avec des steeple-chase et des enlèvements de ballons en plus. L'Hippodrome s'ouvre au commencement de l'été et ferme aux premiers froids. Le prix d'entrée est de 1 fr. et de 2 fr.

— **Folies nouvelles.** Boulevard du Temple. Ce joli théâtre, dans lequel on joue d'amusantes pantomimes et de ravissants intermèdes, attire un grand concours d'élégants des deux sexes. Les Folies-Nouvelles sont en pleine voie de prospérité.

— Nous mentionnerons encore parmi les spectacles de curiosités, le **Théâtre de Robert Houdin** (boulevard des Italiens), où M. Hamilton exécute tous les soirs des tours de prestidigitation et de physique amusante. Le **Diorama** (avenue des Champs-Elysées) et le **Panorama**.

Timbre Impérial. Installé en 1852, dans un hôtel de la rue de la Banque, construit pour lui, il est réuni à la direction de l'Enregistrement et des domaines. Les bureaux sont ouverts les jours non fériés, de 9 à 4 heures.

Tour Saint-Jacques la Boucherie. Rue de Rivoli. C'est le seul reste d'une église du même nom, où était enterré le célèbre Nicolas Flamel, et qui fut détruite en 1793. Cette tour, qui est un beau morceau d'architecture gothique, a 52 mètres de hauteur. Elle a été débarrassée des maisons qui empêchaient de la voir, et restaurée avec le plus grand soin ; elle apparaît maintenant dans sa splendeur première.

Voitures. Il y a à Paris un nombre considérable de voitures publiques : les voitures de place qui stationnent dans les rues, sur les quais, et sur les places ; les voitures sous remise, qui stationnent sous des portes cochères dans le voisinage des hôtels ; celles-ci se louent au jour, au mois et à l'année ; on les paye de 20 fr. à 40 fr. par jour, de 350 à 600 fr. par mois. Ces sortes de voitures sont à votre disposition comme si elles vous appartenaient, c'est-à-dire qu'elles vous conduisent dans Paris et la banlieue, selon vos désirs ; elles se louent également dans Paris à 2 fr. la course et 2 fr. 50 l'heure.

TARIF DES VOITURES DE PLACE

Voiture à DEUX places		Voiture à QUATRE places	
TARIF POUR PARIS		**TARIF POUR PARIS**	
LA BANLIEUE EN DEÇA DES FORTIFICATIONS ET LE BOIS DE BOULOGNE		LA BANLIEUE EN DEÇA DES FORTIFICATIONS EN LE BOIS DE BOULOGNE	
De 6 heures matin à Minuit 30 min.	De Minuit 30 min. à 6 heures matin.	De 6 heures matin à Minuit 30 min.	De Minuit 30 min. à 6 heures matin.
La Course 1 f. 25	La Course 2 f. »	La Course 1 f. 40	La Course 2 f. »
L'Heure.. 1 75	L'Heure.. 2 50	L'Heure.. 2 »	L'Heure.. 2 50
Renvois de la voiture du bois de Boulogne **50 c. en sus.**		*Renvoi de la voiture du bois de Boulogne* **50 c. en sus.**	
TARIF AU DELA DES FORTIFICATIONS		**TARIF AU DELA DES FORTIFICATIONS**	
De 6 h. du mat. { à 7 h. du soir, en hiver, et à 9 heures en été.		De 6 h. du mat. { à 7 h. du soir en hiver. et à 9 heures en été.	
L'Heure...... 2 fr. 50 c.		L'Heure...... 2 fr. 50 c.	
Pour renvoi de la voiture, **1** *fr. en sus.*		*Pour renvoi de la voiture,* **1** *fr. en sus.*	
BAGAGES { Un colis.............. 20 c. Deux colis............ 40 Au-dessus de 2 colis... 50		**BAGAGES** { Un colis.............. 20 c. Deux colis............ 40 Au-dessus de 2 colis... 50	

En cas de réclamations, chaque cocher doit remettre aux voyageurs un numéro indiquant le chiffre de sa voiture.

Paris est encore sillonné par un grand nombre de voitures-omnibus à 30 cent., qui presque toutes correspondent entre elles et conduisent les voyageurs dans toutes les directions.

Les voyageurs qui veulent profiter de la correspondance doivent en montant dans un omnibus payer le conducteur, lui dire où ils vont et lui demander un bulletin de correspondance ; lorsqu'ils arrivent devant le bureau où ils doivent changer de voiture, ils devront entrer immédiatement dans ce bureau afin d'échanger leur bulletin contre un numéro d'ordre ; si, enfin, il y a affluence de voyageurs et s'ils ne peuvent monter dans la première voiture, ils devront retourner au bureau et échanger de nouveau leur numéro contre un autre.

Les places d'impériale, 15 centimes, ne donnent pas droit aux correspondances.

NOUVEAU PARCOURS DES OMNIBUS.

Ligne A allant d'Auteuil (départ) **au Palais-Royal** (arrivée) **passant par la** place de la Fontaine (*st.*), r. de la Fontaine, r. Boulainvilliers, grande rue de Passy, r. Benj.-Delessert, rampe du Trocadéro, quai de Billy, Cours-la-Reine, pl. de la Concorde, r. de Rivoli, pl. du Palais-Royal (*st.*).

Ligne AB allant de Passy (départ) **à la place de la Bourse** (arrivée), **passant par la** grande rue de Passy (*st.*), r. de la Pompe, av. de Saint Cloud, pl. de l'Étoile, boulev. Beaujon, r. du Faub.-St-Honoré, r. Royale-St-Honoré, boulev. de la Madeleine, boulev. des Capucines, boulev. des Italiens, r. Vivienne, pl. de la Bourse (*st.*).

Ligne B allant de Chaillot (départ) **à Saint-Laurent** (arrivée), **passant par la** rue de Chaillot (*st.*), avenue des Champs-Élysées, av. et r. Matignon, r. du Faub.-Saint Honoré, r. Royale-Saint-Honoré, pl. de la Madeleine, r. Chauveau-Lagarde, r. de l'Arcade, r. Saint-Lazare, r. Lamartine, r. Montholon, r. Papillon, r. Paradis-Poissonnière, r. de la Fidélité, boulev. et rue de Strasbourg (*st.*).

Ligne C de Courbevoie (départ) **au Louvre** (arrivée), **passant par** l'av. de Neuilly (*st. au pont*), pl. de l'Étoile, av. des Champs-Élysées, pl. de la Concorde, r. de Rivoli, r. du Louvre (*st.*).

Ligne D allant des Ternes (départ) **au boulevard des Filles-du-Calvaire** (arrivée), **passant par la** grande rue des Ternes (*st.*), r. du Faubourg-Saint-Honoré, rue Royale-Saint-Honoré, boulev. de la Madeleine, r. Duphot, r. Saint-Honoré, r. de la Monnaie, Pointe-Saint-Eustache, r. Montorgueil, r. Mauconseil, r. Saint-Denis, r. Grenetat, r. Réaumur, r. Phélippeaux, r. de Bretagne, r. des Filles-du-Calvaire, boulev. du Temple (*st.*).

Ligne E allant de la Bastille (départ) **à la Madeleine** (arrivée), **passant par le** boulev. Beaumarchais (*st.*), boulev. des Filles-du-Calvaire, boulev. du Temple, boulev. Saint-Martin, boulev. Saint-Denis, boulev. Bonne-Nouvelle, boulev. Poissonnière, boulev. Montmartre, boulev. des Italiens, boulev. des Capucines, boulev. de la Madeleine (*st.*).

Ligne F allant de la Bastille (départ) **à Monceaux** (arrivée), **passant par la** pl. de la Bastille (*st.*), r. du Pas-de-la-Mule, r. Neuve-Sainte-Catherine, r. des Francs-Bourgeois, r. de Paradis (Marais), r. Rambuteau, r. Coquillière, r. Croix-des-Petits-Champs, r. de la Vrillière, r. Catinat, pl. des Victoires, r. Notre-Dame-des-Victoires, r. des Filles-Saint-Thomas, r. Neuve-Saint-Augustin, boulev. des Capucines, boulev. de la Madeleine, r. Tronchet, r. de la Ferme-des-Mathurins, r. du Hâvre, r. Saint-Lazare, r. du Rocher, r. de Lévis, route d'Asnières (*st.*).

Ligne G allant des Batignolles (départ) **au Jardin des Plantes** (arrivée), **passant par la** pl. de la Mairie (*st.*), r. des Dames, r. de Paris, r. de Clichy, r. Saint-Lazare, r. de la Chaussée-d'Antin, r. Louis-le-Grand, r. du Port-Mahon, r. d'Antin, r. du Marché-Saint-Honoré, r. Saint-Honoré, pl. du Palais-Royal, r. de Rivoli, pl. du Châtelet, av. Victoria, pont Notre-Dame, r. de la Cité, Petit-Pont, r. Galande, r. Saint-Victor, r. Cuvier (*st.*).

Ligne H allant de Clichy (départ) **à l'Odéon** (arrivée) **passant par** l'av. de Clichy (*st.*), r. de Paris, boulev. de Clichy, r. Fontaine-Saint-Georges, r. Notre-Dame-de-Lorette, r. Bourdaloue, r. Laffitte, boulev. des Italiens, r. Richelieu, r. Saint-Honoré, pl. du Palais-Royal, r. de Rivoli, pl. du Carrousel, Pont-Royal, quai Voltaire, r. des Saint-Pères, r. Taranne, r. du Dragon, r. Grenelle, r. du Vieux-Colombier, pl. et r. Saint-Sulpice, r. de Tournon, r. de Vaugirard (*st.*).

Ligne I allant de l'ancienne Barrière des Martyrs (départ) **à l'ancienne Barrière Saint-Jacques** (arrivée), **passant par la** rue des Martyrs (*st.*), r. du Faubourg-Montmartre, r. Montmartre, r. des Prouvaires, r. de Rivoli, r. Saint-Denis, pont au Change, boulev. Sébastopol (*rive gauche*), pont et quai Saint-Michel, r. Saint-Jacques, r. des Mathurins, r. de la Sorbonne, r. Soufflot, r. et Faub-Saint-Jacques (*st.*).

Ligne J allant de Montmartre (départ) **à la place Maubert** (arrivée), **passant par la** r. Marcadet, r. de Clignancourt, r. de Rochechouart, r. Cadet, r. du Faubourg-Montmartre, boulev. Montmartre, r. Vivienne r. Neuve-des-Petits-Champs, r. Croix-des-Petits-Champs, r. Saint-Honoré, r. de l'Arbre-Sec, Pont-Neuf, pl. Dauphine, quai des Orfévres, pont et quai Saint-Michel, quai Montebello, pl. Maubert (*st.*).

Ligne K allant de la Chapelle (départ) **au Collége de France** (arrivée), **passant par la** Grande-Rue de la Chapelle (*st.*), r. du Faubourg-Saint-Denis, porte Saint-Denis, r. Saint-Denis, pont au Change, boulev. Sébastopol (*rive gauche*), r. des Écoles (*st.*).

Ligne L allant de la Villette, rue de Flandres, 157 (départ) **à Saint-Sulpice** (arrivée), **passant par la** rue de Flandre (*st.*), r. du Faubourg-Saint-Martin, porte Saint-Martin, r. Saint-Martin, pont Notre-Dame, rue de la Cité, Petit-Pont, quai et place Saint-Michel, r. Saint-André-des-Arts, r. de Bussy, r. de Seine, r. et pl. Saint-Sulpice (*st.*)

Ligne AC allant de la Petite Villette, route d'Allemagne (départ) **au Cours-la-Reine** (arrivée) **passant par la** route d'Allemagne (*st.*), r. et pl. Lafayette, r. du Faubourg-Poissonnière, r. Richer, r. de Provence, r. de la Chaussée-d'Antin, r. de la Paix, pl. Vendôme, r. Saint-Honoré, r. Royale-Saint-Honoré, pl. de la Concorde (*st.*).

Ligne M allant de **Belleville** (départ) aux **Ternes** (arrivée) passant par les anciens boulevards extérieurs.

Ligne N de **Belleville** (départ) à la **Place des Victoires** (arrivée), passant par la rue de Paris (st.), r. du Faubourg-du-Temple, r. de Bondy, porte Saint-Denis, r. Bourbon-Villeneuve, r. Neuve-Saint-Eustache, r. des Fossés-Montmartre, r. des Victoires, r. Catinat (st).

Ligne AD allant du **Château-d'Eau** (départ) au **Pont de l'Alma** (arrivée), passant par la rue du Temple (st.), r. de Rivoli, pl. du Châtelet, quai de la Mégisserie, pl. Dauphine, r. Dauphine, r. de Bussy, r. Jacob, r. de l'Université, r. Bellechasse, r. de Grenelle, espl. des Invalides, r. de l'Université, pont de l'Alma (st.).

Ligne O allant de **Ménilmontant** (départ) à la **Chaussée du Maine** (arrivée) passant par la r. de Ménilmontant (st.), r. des Filles-du-Calvaire, r. Vieille-du-Temple, r. de Rivoli, pl. du Châtelet, quai de la Mégisserie, Pont-Neuf, pl. et r. Dauphine, r. de l'Ancienne-Comédie, Carrefour de l'Odéon, r. et pl. Saint-Sulpice, r. Bonaparte, r. de Vaugirard, r. de Rennes, boulev. et r. de Montparnasse, r. de la Gaieté, Chaussée du Maine (st.).

Ligne P allant de **Charonne** (départ) à la **Bastille** (arrivée), passant par la r. de Charonne (st), boulev. de Fontarabie, r. de la Roquette, pl. de la Bastille (st.).

Ligne Q allant de la **Place du Trône** (départ) au **Palais-Royal** (arrivée), passant par la r. du Faubourg-Saint-Antoine (st.), pl. de la Bastille, r. Saint-Antoine, r. du Petit-Musc, quai des Célestins, quai Saint-Paul, quai des Ormes, quai de la Grève, quai le Pelletier, quai de Gèvres, pl. du Châtelet, r. de Rivoli, r. Saint-Denis, quai de la Mégisserie, quai de l'École, pl. du Louvre, r. de Rivoli, pl. du Palais-Royal, (st.).

Ligne AE allant **Avenue de Vincennes** (départ) aux **Arts et Métiers** (arrivée) passant par l'Avenue de Vincennes (st.), r. du Faubourg-Saint-Antoine, pl. de la Bastille, boulev. Beaumarchais, boulev. des Filles-du-Calvaire, boulev. du Temple, boulev. Saint-Martin, r. Saint-Martin, r. Neuve-Saint-Denis, boulev. Sébastopol (st.).

Ligne R allant de la **barrière Charenton** (départ) à **Saint-Philippe-du-Roule** (arrivée) passant par la r. de Charenton, pl. de la Bastille, r. Saint-Antoine, r. de Rivoli, pl. du Châtelet, r. de Rivoli, r. du Louvre, r. Saint-Honoré, pl. du Palais-Royal, r. Saint-Honoré, r. de Rohan, r. de Rivoli, r. Royale-Saint-Honoré, r. du Faubourg-Saint-Honoré (st.).

Ligne S allant de **Bercy** (départ) au **Louvre** (arrivée) passant par la r. de Bercy, r. Soulage, quai de Bercy, quai de la Rapée, boulev. Mazas, r. de Lyon, pl. de la Bastille, r. Saint-Antoine, r. de Rivoli, r. du Louvre, *au retour vers Bercy*, r. de Lyon, boulev. Mazas, quai de la Rapée, boulev. Bercy, r. de Bercy (st.).

Ligne T allant de la **Gare d'Ivry** (départ) à la **place Cadet** (arrivée), passant par le quai de la Gare d'Ivry (st.), r. Jouffroy, r. de la Gare, pl. Walhubert, quai Saint-Bernard, pont de la Tournelle, r. des Deux-Ponts, Pont-Marie, quai des Ormes, r. du Pont-Louis-Philippe, r. de Rivoli, r. des Deux-Portes-Saint-Jean, r. de la Verrerie, r. du Temple,

r. Rambuteau, r. Saint-Martin, boulev. Saint-Denis, r. du Faubourg-Saint-Denis, r. des Petites-Écuries, r. du Faubourg-Poissonnière, r. Bleue, pl. Cadet (*st.*)

Ligne U allant de la **Maison-Blanche** (départ) à la **Pointe Saint-Eustache** (arrivée), **passant par** la grande route de Fontainebleau (*st.*), r. Mouffetard, r. du Fer-à-Moulin, r. Geoffroy-Saint-Hilaire, r. Saint-Victor, r. du Cardinal-Lemoine, quai de la Tournelle, pont de l'Archevêché, quai Napoléon, r. d'Arcole, pl. de l'Hôtel-de-Ville, avenue Victoria, boulev. Sébastopol, r. de Rivoli, r. des Halles-Centrales, Pointe-Saint-Eustache (*st.*).

Ligne AF allant de l'ancienne **Barrière de la Glacière** (départ) à la **Place Laborde** (arrivée) passant par la rue de la Glacière (*st.*), r. des Feuillantines, r. d'Ulm, pl. de l'Estrapade, pl. du Panthéon, r. Soufflot, r. Monsieur-le-Prince, r. et pl Saint-Sulpice, r. du Vieux-Colombier, r. de Grenelle, r. Bellechasse, r. Saint-Dominique, r. de Bourgogne, pont et pl. de la Concorde, r. Royale-Saint-Honoré, pl. de la Madeleine, boulev. Malesherbes, pl. de Laborde (*st.*).

Ligne AG allant de Montrouge (départ) **au Chemin de fer de l'Est** (arrivée), **passant par** la grande route d'Orléans (*st.*), r. d'Enfer, boulev. Sébastopol (*rive gauche*), pl. du Pont-Saint-Michel, pont au Change, pl. du Châtelet, boulev. Sébastopol (*rive droite*), boulev. de Strasbourg (*st.*).

Ligne V allant de l'ancienne barrière du **Maine** (départ) **au chemin de fer du Nord** (arrivée), **passant par** l'avenue du Maine (*st.*), r. du Cherche-Midi, r. Sainte-Placide, r. de Sèvres, r. de Grenelle, r. du Dragon, r. Taranne, r. Sainte-Marguerite, r. Bonaparte, quai de l'Institut, quai Conti, Pont-Neuf, pl. Dauphine, quai de l'École, pl. du Louvre, r. du Louvre, r. Saint-Honoré, r. Croix-des-Petits-Champs, pl. des Victoires, r. de la Feuillade, r. de la Banque, pl. de la Bourse, r. Vivienne, boulev. et Faubourg-Montmartre, r. Bergère, r. du Faubourg-Poissonnière, r. et pl. Lafayette, r. de Denain, pl. Roubaix, (*st*).

Ligne X allant de **Vaugirard** (départ) à la **place du Havre** (arrivée), **passant par** la grande rue de Vaugirard (*st.*), r. du Parc, r. de l'École, r. de Sèvres, r. du Bac, Pont-Royal, pl. du Carrousel, pl. du Palais-Royal, r. Saint-Honoré, r. de Richelieu, r. Neuve-des-Petits-Champs, r. Neuve-des-Capucines, r. de Caumartin, r. Saint-Lazare (*st.*).

Ligne Y allant de **Grenelle** (départ) à la **Porte Saint-Martin** (arrivée), **passant par** l'avenue du Commerce (*st.*), Champ-de-Mars, avenue de Lamothe-Piquet, r. de l'Église, r. Saint-Dominique, r. du Bac, Pont-Royal, pl. du Carrousel, pl. du Palais-Royal, r. Saint-Honoré, r. de Grenelle, r. J.-J. Rousseau, r. Montmartre, boulev. Poissonnière, boulev. Bonne-Nouvelle, r. Saint-Denis (*st.*).

Ligne Z allant de **Grenelle** (départ) à la **Bastille** (arrivée), **passant par** l'avenue de Lowendal (*st.*), avenue de la Bourdonnaye, avenue de Lamothe-Piquet, espl. des Invalides, r. de Grenelle-Saint-Germain, r. du Four, r. Bonaparte, pl. et r. Saint-Sulpice, r. de l'École-de-Médecine, boulev. Sébastopol (*rive gauche*), boulev. Saint-Germain, r. de Pontoise, quai et pont de la Tournelle, r. des Deux-Ponts, Pont-Marie, r. des Nonains-d'Hyères, r. de Fourcy, r. de Rivoli, r. Saint-Antoine, pl. de la Bastille (*st.*).

DICTIONNAIRE

DES

RUES DE PARIS

Dans les rues parallèles à la Seine, l'ordre des numéros suit ordinairement le cours du fleuve, et, par conséquent, augmente en descendant. Dans les rues perpendiculaires à la Seine, la série des numéros commence du côté du fleuve. Les numéros pairs sont à droite, les numéros impairs à gauche. On trouvera, au chapitre des commissaires de police, le nom des quartiers indiqués ici seulement par leur numéro.

A

ARR.	RUES	QUART.
6	Abbaye (de l')	24
5	Abbé-de-l'Epée (de l')	19
10	Abbeville (d')	7
18	Acacias (des), *Montm.*	70
17	Acacias (des), *Neuilly.*	65
8	Aguesseau (d')	31
1	Aiguillerie (de l')	2
10	Albouy (d')	39
1	Alger (d')	4
10	Alibert	39
12	Aligre (d')	48
19	Allemagne (d')*Villette.*	73
20	Alma (de l'). *Bellev.*	7
15	Alphonse	60
11	Amandiers-P. (des).	42-45
5	Amandiers-S¹-G. (des).	20
2	Amboise (d')	6
11	Ambroise (S¹-)	42
10	Ambroise-Paré	37
7	Amélie	28
18	Amélie, *Montmartre*	69
11	Amelot	43
9-8	Amsterdam (d')	31-33
5	Anastase (S¹-)	11
4	Anastase (Neuve-S¹-)	15
6	Anc.-Comédie (de l')	21
16	André (S¹-), *Passy.*	64
6	André-des-Arts (S¹-)	21
16	Ange (S¹-), *Passy.*	64
1	Anglade (de l')	3
5	Anglais (des)	20
13	Anglaises (des)	52
11	Angoulême (d')	41
8	Angoulême S¹-Honoré.	21

ARR.	RUES	QUART.
8	Anjou-S¹-Honoré (d')	31
3	Anjou-au-Marais	10-11
6	Anjou-Dauphine (d')	21
1-2	Anne (S¹ᵉ)	5-6
19	Anne.ets (des)	75
2	Antin (d')	5
17	Antin (d'), *Batignolles.*	67
6	Antoine-Dubois	22
4	Antoine S¹-)	14-15
12-11	Antoine (faub. S¹-)	46
18	Antoinette, *Montm*	77
2-3	Apolline (S¹ᵉ-)	9-8
10	Aqueduc (de l')	3
19	Arago	6
5	Arbalète (de l')	19
1	Arbre-Sec (de l')	1-2
8	Arcade (de l')	31
17	Arc-de-Triomphe(de l')	65
1	Arche-Pepin (de l')	1
4	Arcole (d')	16
9	Ardennes (des)	74
1	Argenteuil (d')	3
2	Arnaud (S¹-)	5
5	Arras (d')	16
16	Artistes (des), *Passy.*	62
14	Arts (des), *Auteuil.*	51
11	Ste-Popinc¹ (de l')	9-8
17	Asnières (d'). *Bat.*	66-67
6	Assas (d')	23
19	Asselin. *Belleville.*	76-77
16	Assomption (de l')	61-62
8	Astorg (d')	31-32
18	Aubervilliers (d') *Chap.*	72
1-4	Aubry-le-Boucher	13
11	Aulnay (ch. de r. d')	43
2	Augustin (Neuve-S¹-)	5-6

ARR.	RUES	QUART.
3	Aumaire	9
9	Aumale (d')	33
	Austerlitz ((d')	27
13	Austerlitz (S¹-Marcel).	49

B

1	Bahille	2
7	Babylone (de)	25-26-27
7	Bac (du)	25
17	Bac d'Asnières (du). *B.*	66
6	Bac (petite rue du)	25
18	Bachelet	70
6	Bagneux (de)	23
20	Bagnolet (de). *Charonne*	9-78-80
1	Baillet	1
1	Bailleul	2
1	Baillif	3
3	Bailly	9
17	Balagny	68
8	Balzac	30
2	Banque (de la)	6
13	Banquier (du)	49
13	Banquier (du Petit-)	49
15	Baran, *Grenelle*	59
2	Barbe (S¹ᵉ-)	8
7	Barbet-de-Jouy	26
5	Barbette	11
15	Bargue (b. de), *Vaug.*	58
6	Barouillière	23
4	Barres S¹-Gerv. (des)	15
4	Barres S¹-Paul (des)	18
15	Barthélemy	5
11	Basfroid	44

ARR.	RUES	QUART.
16	Basse, *Passy*	62
5	Basse-des-Carmes	20
8-9	Basse-du-Rempart	34-51
4	Basse-des-Ursins	16
10	Basse-St-Denis	75
16	Basse-St-Pierre	64
20	Basses-Vignolles (des)	80
16	Bassins (des), *Neuilly*	64
16	Bassins (des), *Passy*	64
16	Bassins (ch. de r. des)	64
4	Bassompierre	15
16	Batailles (des)	64
17	Batignollaises (des)	67
5	Battoir (du)	18
16	Bauches (des)	63
8	Bayard, *Ch.-El.*	29
13	Bayard, *Invalides*	59
4-5	Beaubourg	9-13
5	Beauce (de)	10-12
5	Beaujolais (de)	10
1	Beaujolais (de)	3
8	Beaujon	30
8	Beaune (de la)	30
7	Beaune (de)	25
2	Beauregard-Poisson	8
9	Beauregard, d. Martyr	36
2	Beaurepaire	8
4	Beautreillis (de)	15
12	Beauveau	48
6	Beaux-Arts (des)	24
12	Beccaria	48
16	Bel-Air, *Passy*	63-64
18	Belhomme	70
7	Bellechasse (de)	25-23
16	Belles-Feuilles, *Passy*	63
9	Bellefond	35
19	Belleville (de), *Villet.*	75
20	Belleville (vieil. r. de)	78
16	Bellevue (de), *Passy*	64
5	Bellièvre (de)	19
8	Bel-Respiro	29-30
10	Belzunce	37
17	Bénard, *Batig.*	67
18	Bénédicte, *Montm.*	70
16	Benjamin-Delessert, P.	62
16	Benoît, *Auteuil*	61
6	Benoît (St-)	23
12	Bercy-St-Antoine	4
4	Bercy-St-Jean (de)	14
12	Bercy (de), *Bercy*	7
9	Bergère	35
8-9	Berlin (de)	30-32
11	Bernard (St-)	44
5	Bernardins (des)	1
8	Berry (de)	30
18	Berthe, *Montmartre*	70
1	Bertin-Poirée	1
7	Bertrand	27
6	Beurrière	3
10	Bichat	40-39
16	Biches (des), *Passy*	65
8	Bienfaisance (de la)	32
5	Bièvre (de)	17
4	Billettes (des)	13
14	Biron	5
18	Biron, *Montmartre*	70
16	Bizet	64
9	Blanche	33
16	Blanche, *Passy*	65

ARR.	RUES	QUART.
9	Blanche (ch. de r. b.)	33
4	Blancs-Manteaux (des)	14
9	Bleue	35
15	Blomet	57
9	Bochard-de-Saron	36
1	Boileau	1
16	Boileau, *Auteuil*	61
16	Boileau (hameau) *Aut.*	61
19	Bois (de), *Bellev.*	5
19	Bois de l'Orme (r. du), *Belleville*	6
16	Boislevant, *Passy*	62
16	Boislevant (Neuve)	62
16	Boissière, *Passy*	6
4	Bon (Saint)	13
6	Bonaparte	22-2
10	Bondy (de)	39
16	Bonshommes (des)	62
5	Bon-Puits (du)	1
16	Bons-Enfants (des) *Aut*	61
1	Bons-Enfants (N° des)	3
1	Bons-Enfants (des)	3
5	Borda	9
16	Bornes (des), *Passy*	65
10	Bossuet	37
9	Bossuet (Neuve-)	35-35
1	Boucher	3
7	Boucherie (de la)	28
16	Bouchers (des), *Passy*	64
9	Boudreau	33
16	Boulainvilliers (de), *Passy*	62-61
5	Boulangers (des)	17
9	Boule-Rouge (de la)	35
17	Boulay, *Batignolles*	68
11	Boulets (des)	44
17	Boulevard (du)	67
9	Boulogne (de)	33
19	Boulogne (de), *Villette*	74
1	Bouloi (du)	2
16	Bouquet-de-Long-Champs (des)	64
16	Bouquet-des-Champs	64
6	Bourbon-le-Château	24
2	Bourbon-Villeneuve	8
9	Bourdaloue	34
1	Bourdonnais (des)	2
7	Bourdonnaye (de la)	27
3	Bourg-Labbé (Neuve-)	12
7	Bourgogne (de)	23
3-15	Bourguignons	52-19
9	Boursault	33
17	Boursault, *Batig.*	67
2	Bourse (de la)	7
4	Bourtibourg	4
4	Boularel	16
5	Boutebrie	20
13	Boutin	51
12	Bouton (Jean)	48
5	Braque (de)	12
6	Bréa	24
12	Brèche-aux-Loups (de la)	48
9	Bréda (Neuve-)	35
9	Bréda	33
3	Bretagne (de)	10
3	Bretagne (N°-de-)	10
7	Breteuil (de)	9
4	Bretonvilliers (de)	16

ARR.	RUES	QUART
17	Brey	65
18	Briquet	70
4	Brisemiche	13
4	Brissac (de)	15
2	Brongniart	7
13	Bruant	49
9	Bruyère (de la)	33
9	Bruxelles (de)	33
5	Bûcherie (de la)	20
6	Buci (de)	21
9	Buffault (de)	35
5	Buffon (de)	18
16	Buis (du), *Auteuil*	61
10	Buisson-St-Louis (du)	40
18	Burcq	70
13	Butte-aux-Cailles (de la)	51
12	Buttes (des)	46
10	Butte-Chaum. (de la)	40
10	Buttes-Chaum. (des)	76

C

ARR.	RUES	QUART
9	Cadet	35
18	Cadran (du), *Mont.*	70
3	Cafarelli	10
2	Caire (du)	8
2	Caire-Prolongée (du)	8
9	Calais (de)	33
19	Calais (de), *Villette*	74
4	Calandre (de la)	16
14	Campagne-Première	53
15	Campo-Formio (de)	49
10	Canal-St-Martin (du)	40
6	Canettes (des)	22
4	Canettes (des Trois-)	16
5	Canivet (du)	22
3-14	Capucins (des)	53
2-1	Capucines (N°-des-)	4
6	Cardinale	24
5	Cardinal-Lemoine (du)	17
17	Cardinet, *Batig.*	66-68
5	Carmes (des)	20
8	Carnot	23
1	Caroline, *Batignolles*	67
4	Caron	14
6	Carpentier	23
18	Carrière (de la)	70
18	Carrières (des), *Batig.*	69
16	Carrières (des), *Passy*	64
20	Cascades (des)	77
7	Casimir-Perier	26
6	Cassette	23
14	Cassini	53
8	Castellane (de)	31
4	Castex	15
1	Castiglione (de)	4
5	Catherine (St-)	19
3-4	Catherine (N°-St°-)	14-11
1	Catinat	5
18	Cauchois	70
9	Caumartin	34
9	Cécile (St°-)	35
5-13	Cendrier (du)	49-18
20	Cendriers (des)	79
5	Censier	18
8	Centre (du)	30
1	Centre (du), *Batig.*	68
19	Centre (du), *Belleville*	75

ARR.	RUES	QUART.	ARR.	RUES	QUART.	ARR.	RUES	QUART
4	Cerisaie (de la)	15	11	Ch. de r. d'Aulnay	45	10	Combat (ch. de r. du)	40
2	Chabannais	6	16	Chemin de la Croix	62	7	Comète (de la)	28
10	Chabrol	5 - 8	18	Chem. des Dames (du)	69	12	Commerce (du), *Bercy*.	47
8-16	Chaillot (de)	64	16	Chemin des Fonts	61	6	Condé (de)	22
7	Chaise (de la)	25	17	Ch. du Four-à-chaux	76	9	Conservatoire (du)	55
17	Chalâbre (de)	67	15	Chem. des Fourneaux	60	4	Constantine (de)	16
12	Châlons (de)	48	16	Chemin de la Galiote	68		Constantinople (de)	52
14	Champ-d'Asile (du)	53	20	Chemin des Partants	79	5	Conté	9
14	Champ-d'Asile (N.-du)	56	11	Chemin de Lagny	11-44	1	Centrat-Social (du)	2
13	Champ-de-l'Alouette (du)	52	12	Chemin des Marais	66	6	Contrese.-Dauphine	21-20
			15	Chemin des Marais	60	5	Contrescarpe-St-Marc.	19
13	Champ-de-l'Al.(ch.du)	52	16	Ch. de r. de la b. Pois.	55	9	Coquenard (Nc-)	55
7	Champ-de-Mars (du)	27	12	Chemin de Reuilly	46	2	Coq-Héron	2
5	Champ-des-Capucins (du)	19	8	Chemin-de-Versailles	29	4	Coq-St-Jean (du)	15
			15	Chemin des Tournelles	57	1	Coquillière	2
16	Champs (des)	64	12	Chemins (des Quatre-)	46	10	Corbeau (du)	40
8	Champs-Elysées (des)	31	12	Chemin vicinal (ruel.)	46	15	Cordelières (des)	52
7	Champagne (de)	26	15-6	Cherche-Midi (du)	25-58	1	Corderie (de la)	4
7	Chanalcilles (de)	26	17	Cheroy	67	5	Corderie (de la Petite-)	10
4	Chanoinesse	16	2	Chérubini	6	5	Cordiers (des)	20
5	Chantiers (des)	17	15	Chevaleret (du)	50	6	Corneille	22
4	Chantres (des)	16	15	Chevaleret (chem.du)	50	15	Cornes (des)	49
10	Chapelle (de la)	57	7	Chevert	28	1	Cossonnerie (de la)	2
19	Chapelle (de la). *Vill.*	75	7	Chevert (petit rue)	28	12	Cotte (de)	48
1	Chapelle (de la Ste-)	1	6	Chevreuse (de)	25	8	Courcelles (c.de r.)	50-52
5	Chapon	12	6	Childebert	24	17	Courcelles (de), *Neuil.*	66
9	Chaptal	35	20	Chine (de la), *Bellev.*	79	14	Couesnon	56
5	Charbonniers-St-Marcel (des)	19	2	Choiseul (de)	5	8	Courcelles (de)	50-52
			10	Chopinette (de la)	40	20	Courat	80
12	Charbonniers-St-Antoine (des)	48	6	Christine	21	1	Courlalon	2
			4	Christophe (St-)	16	7	Courty	26
18	Charbonnière (de la), *M.*	70	5	Cimetière-St-Benoît	20	4	Coutellerie (de la)	15
12	Charenton (de)	48	15	Cinq-Diamants (des)	51	5	Coutures-St-Gervais	11
12	Charenton (de), *Bercy.*	47	18	Cinq-Moulins (des)	71	6	Crebillon	22
12	Charenton (ch.de r.de)	46	8	Cirque (du)	51	9	Crétet	56
4	Charlemagne	1	6	Ciseaux (des)	24	4	Crillon	15
17	Charles (St-), *Batig.*	67	4	Cité (de la)	16	19	Crimée (de). *Vill.*	75-76
17	Charles (St-), *Neuilly.*	65	17	Claude (St-), *Neuilly.*	65	2	Croissant (du)	7
5	Charlot	11	2	Claude (St-)	7	12	Croix (de la), *Bercy.*	46
11	Charonne (de)	43-48	5	Claude (St-)	11	16	Croix (de la), *Passy.*	62
20	Charonne (de), *Bellev.*	74	10	Claude-Vellefaux	40	4	Croix (Ste-)	5
5	Charretière	20	5	Clef (de la)	18	16	Croix-Boissière	64
17	Chartres (de), *Batig.*	68	6	Clément	22	4	Croix-de-la-Bret. (Ste-)	15
10	Chastillon	40	2	Cléry (de)	7-8	1	Croix-des-P.-Ch.	5-2
8	Chateaubriand	50	5	Clichy (de)	55	8	Croix-du-Roule (Ste-)	50
10	Château-d'Eau (du)	39-58	4	Cloche-Perce	14	15	Croix-Nivert (de la)	57
10	Château-Landon	57	4	Cloître-Nre-Dame (du)	16	15	Croix-Rouge (de la), *Ivry.*	50
15	Château-des-Rentiers	50	5	Cl.-des-Bernardins	17			
14	Châtelain	56	5	Cloître-St-Benoît	20	15	Croulebarbe	52
14	Châtillon (route de)	55	1	Cloître-St-Honoré	5	11	Crussol (de)	41
9	Chauchat	55	1	Cloître-St-Jacques (du)	2	16	Cuis ard	61
10	Chaudron (du)	57	4	Cloître-St-Méry (du)	15	5-4	Culture-Ste-Cath.	14-11
5-4	Chaumière (du)	11-12-14	5	Clopin	17	5	Cuvier	17
17	Chaumière (de la), *N.*	65	5	Clos-Bruneau	20	1	Cygne (du)	2
19	Chaumonts (des Petits-)	75	1	Clos-Georgeot (du)	5			
9	Chaussée-d'Antin (de la)	34	20	Clos-Rasselin (du)	80	**D**		
			5	Clotaire	20			
18	Chaussée-de-Clignancourt (de la)	70	5	Clotilde (Ste-)	20	2	Dalayrac	5
			5	Clovis	20-17	17	Dames (des). *Batig.*	67
18	Chaussée des Martyrs	70	5	Cluny (de)	20	18	Dames (des), *Mont.*	69
5	Chaussée des Minimes	11	4	Cocatrix	15	17	Dames (des), *Neuilly.*	65
6	Chaussée de la Muette	62	5-15	Cochin	52-19	2	Damiette (de)	8
8	Chauveau-Lagarde	51	2	Colbert	6	14	Dareau	55-54
17	Chazelle, *Batig.*	66	4	Coligny	15	1	Dauphin (du)	5
15	Ch. de la Grotte (du)	57	15	Collège (du)	57	6	Dauphine	21
11	Chemin-Vert (du)	42	8	Colisée (du)	50	11	Daval	43
14	Chemin-Vert (du)	55	4	Colombe (de la)	16	17	Debarcadère (du), *N.*	65
12	Ch. de r. des Amand.	42	4	Colombier (du)	11			
14	Chemin d'Arcueil	54	2	Colonnes (des)	6	1	Déchargeurs (des)	2

ARR.	RUES	QUART.	ARR.	RUES	QUART.	ARR.	RUES	QUART.
2	Degrés (des)	8	6	Ecole-de-Médecine (de l')	21-22-24	18	Feutrier, Montmartre	70
5	Degrés (des Grands-)	17	15	Ecole Milit. (ch. de r. de l')	59	4	Pèves (aux)	16
18	Dejean	70				2	Feydeau	6
20	Delaitre	79	5	Ecole-Polytechnique (de l')	20	2	Fiacre (St-)	7
14	Delambre	55				10	Fidélité (de la)	39
9	Delta (du)	56	5	Ecoles (des)	20-17	4	Figuier (du)	14
10	Denain (de)	57	5	Ecosse (d')	20	5	Filles-Dieu (des)	8
2-1	Denis (St-)	2-8	4	Ecouffes (des)	14	5	Filles-du-Calv. (des)	10
11	Denis (Petite r. St-)	44	8	Ecuries-d'Artois (des)	50	2	Filles-St-Thomas (des)	6
10	Denis (du faub.St-)	37-38	7	Eglise (St-) Germ.	28	19	Flandres (de)	75-74
2-5	Denis (Neuve-Saint-)	8-9	17	Eglise (de l'), Batig.	67	5	Fléchier	55
18	Denis (Pet. r. Saint-)	70	5	Egout (de l'), St-Germ.	24	6	Fleurus (de)	25
20	Desnoyer, Belleville	77	17	Elisabeth (Ste), Batig.	68	1-8	Florentin (St-)	4-51
19	Dépotoir (du), Vill.	75-76	5	Elisabeth (Ste-)	09	18	Florentine, Montm.	69
15	Dervilliers	52	4	Eloi (St-)	16	5	Foin (du)	11
15	Desaix	59	18	Empereur (de l')	69	11	Folie-Méricourt	41
5	Descartes	17-20	5	Enfants-Rouges (des)	10	11	Folie-Regnault	43
17	Descombes	67	5-6-14	Enfer (d')	22	11	Fontaine-au-Roi	41
8-9	De Sèze	31-54	10	Enghien (d')	38	9	Fontaine-St-Georges	35
17	Des Granges	66	10	Entrepôt (de l')	59	9	Fontaine-St-Georges (Ne-)	55
15	Desiree (Neuve-)	51	19	Entrepôt (de l') Vill.	75	5	Fontaine (de la)	18
1	Deux-Boules	1	17	Entrepôt (de l'), But.	68	16	Fontaine (de la), Pas.	62
1	Deux-Ecus (des)	2	15	Entrepreneurs (des), Grenelle	60	16	Fontaine (de la Pte)	61
4	Deux-Ermites (de-)	16				18	Fontaine-du-But (de la)	69
15	Deux-Moulins (des)	49	5	Epée-de-Bois (de l')	18	18	Fontaine-Saint-Denis	69
1	Deux-Pavillons (des)	4	6	Eperon (de l')	21	1	Fontaine-Molière (de la)	5
4	Deux-Portes (des)	14	6	Erfurth (d')	24	5	Fontaines (des)	9
2	Deux-Portes (des) St-Sauveur	8	15	Espérance (de l')	51	20	Fontarabie (de)	80
16	Didier (St-), Passy	63	5	Essai (de l')	18	20	Fontarabie (Pte r. de)	80
17	Docteur (du), Batig.	68	6-5	Est (de l')	19-22	18	Fontenelle (de)	70
16	Dôme (du)	64	7	Estrées (d')	27	5	Forez	9
7	Dominique (St-)	25-26-28	1	Estienne	1	2	Forges (des)	5
9	Douai (de)	55	2	Etienne-Bonne-Nouvelle (St-)	8	8	Fortin	30
10	Douane (de la)	59				17	Fortin, Batignolles	67
18	Doudeauville, Chap.	71	5	Etienne-St-M. (Ne-St-)	17	5	Fossés-du-Temp. (des)	41
5	Douze-Portes	11	5	Etienne-des-Grès (St-)	20	2	Fos.-Montmartre (des)	7
6	Dragon (du)	24	5	Etienne-du-Mont (Ne-St-)	17	5	Fossés-St-Bern. (des)	17
19	Droin-Quintaine	75				1	Fossés-St-Germain-l'Auxerrois (des)	1
5	Drouot	55	17	Etienne (St), Batig.	67	5	Fossés-St-Jacq. (des)	20
20	Duée (de la)	78	4	Etoile (de l')	14	15-5	Fossés-Saint-Marcel (des)	18-49
6	Duguay-Trouin	25	16	Etoile (rond p. de l')	63			
15	Duguesclin	59	2-1	Eustache (Ne-St-)	2-7	10	Fossés-St-Martin (des)	37
10	Dunkerque	37	1	Evêque (l')	5	5	Fossés-St-Victor (des)	17
9	Duperré	55				5	Fouarre (du)	20
5	Dupetit-Thouars	10		**F**		6	Four-Saint-Germain (du)	23-24-22
1-8	Duphot	4-51						
15	Dupleix	59	16	Faisanderie (de la)	63	1	Four-St-Honoré (du)	2
15	Dupleix (ruelle)	59	20	Fargeau (St-)	78	5	Four-St-Jacq. (du)	20
5	Dupuis	10	4	Fauconnier (du)	14	4	Fourcy-St-Ant. (de)	14
6	Dupuytren	22	18	Fauvet	71	5	Fourcy-Ste-Genev. (de)	20
8	Duras	31	2	Favart	6	15	Fourneaux (des)	58
7	Duroc	27	6	Félibien	22	17	Fournial	66
7	Duvivier	28	17	Félicité (de la)	67	1	Fourreurs (des)	2
			4	Femme-s.-Tête (de la)	16	2	Foy (Sainte-)	8
			10	Fénelon	57	2	Française	8
	E		5	Fer-à-Moulin (du)	18	18	Franc-Nouvelle (de la)	70
			11	Ferdinand	41			
7	Eblé	27	5	Ferdinand-Berthoud	9	8	François Ier	29
3-4	Echarpe (de l')	11-15	17	Fermiers (des), Batig.	67	16	François-Gérard	61
5	Echaudé (de l'), au Marais	11	15	Ferme-de-Gren. (de la)	59	4	François-Miron	14
6	Echaudé (de l'), f. St-Germain	24	9-8	Ferme-des-Mathurins (de la)	31-34	5	François (Neuve-St-)	10
1	Echelle (de l')	3	6	Férou	22	15	Francs-Bourgeois (de)	14
10	Echiquier (de l')	38	1	Féronnerie (de la)	2	3-4	Francs Bourgeois St-Marcel (des)	49
10	Ecluses-Saint-Martin	40	1	Fers (aux)	2	18	Francs-Bourgeois	72
15	Ecole (de l'), l'augir.	58	1-2	Feuillade (de la)	6-5	16	Franklin, Passy	62
15	Ecole (Rond p. de)	58	5	Feuillantines (des)	19	15	Fremicourt	59

ARR.	RUES	QUART.
9	Prochot	33
5	Fromentel	20
1	Frondeurs (des)	3
13	Fulton	49
6	Furstemberg	24

G

ARR.	RUES	QUART.
18	Gabrielle, *Montmartre*	70
2	Gaillon	5
14	Gaîté (de la), *Montr.*	55
14	Gaîté (de la), *Plais.*	56
5	Galande	20
16	Galiotte (du ch. de la)	61
11	Gambey	41
6	Garancière	22
17	Garde (du), *Batig.*	68
13	Gare (de la)	49
16	Gasté, *Passy*	64
13	Gaz (du), *Ivry*	50
8-16	Geneviève (Ste-)	29 64
13	Génie (du), *Gentilly*	51
13	Gentilly (de) St-Marcel	52
5	Geneviève (Nve-Ste-)	19
4	Geoffroy-l'Angevin	13
4	Geoffroy-l'Asnier	14
9	Geoffroy-Marie	35
5	Geoffroy-St-Hilaire	18
17	Georges (St-), *Batig.*	67
9	Georges (St-)	35
13	Gérard, *Gentilly*	51
17	Germain (St-), *Batig.*	68
1	Germ.-l'Auxerrois(St-)	1
3	Gervais (St-)	11
4	Gervais-Laurent	16
3	Gilles (St-)	11
6	Gindre (du)	22
6	Gît-le-Cœur	21
14-13	Glacière (de la)	54 52
4	Glatigny	16
13	Gobelins (des)	52
13	Gobelins (de la Barr. des)	52
15	Godefroy	49
9	Godot-de-Mauroy	34
18	Goutte-d'Or(de la). *M.*	71
18	Goutte-d'Or (Nve de la)	71
5	Gracieuse	18
2	Grammont (de)	6
16	Grande rue, *Auteuil*	61
17-18	Grande rue, *Bat.*	67-69
18	Grande rue, *La Ch.*	71 72
20	Grande rue, *Montreuil*	80
16	Grande rue, *Passy*	61-62
15	Grande rue, *Vaugir.*	58
6	Grands-Augustins (des)	21
3	Grand-Chantier (du)	11
5	Grands-Degrés (des)	17
5	Grand-Hurleur (du)	12
11	Grand Prieuré (du)	41
1	Grande-Truanderie(de la)	2
10	Grand-St-Michel (du)	40
6	Grande-Chaumière (de la)	23
9	Grange-Batelière	35
10	Grange-aux-Belles	40

ARR.	RUES	QUART.
12	Grange-aux-Merciers (de la)	47
3	Gravilliers (des)	12
8	Greffulhe (de)	31
6	Grégoire-de-Tours	22
6	Grenelle-St-Germain (de)	24
1	Grenelle-St-Honoré (de)	2
3 2	Greneta	8-9
3	Grenier-St-Lazare	12
3	Grenier-sur-l'Eau	14
5	Grès (des)	20
2	Grétry	6
7	Gribeauval (de)	25
5	Gril (du)	18
6	Guénégaud	21
5-2	Guérin-Boisseau	8-9
16	Guerlain	64
16	Guichard	62
20	Guignier	77
4	Guillaume	16
7	Guillaume (St-)	25
6	Guillemin (Neuve-)	22
14	Guilleminot	77
4	Guillemites (des)	14
17	Guyot	66
16	Guillou (de)	36
6	Guisarde	22
5	Guy-Labrosse	17

H

ARR.	RUES	QUART.
1	Halles (des)	2
1	Halles centrales (des)	2
8	Hambourg (de)	32
15	Hameau (du)	57
2	Hanovre (de)	5
1	Harlay (du)	1
3	Harlay-du-Marais (de)	11
5-9	Harpe (de la)	20
1	Hasard (du)	5
2	Haut-Moulin (du)	16
5	Haut-Pavé (du)	17
4	Haute des Ursins	16
6	Hautefeuille	21
10	Hauteville (d')	38
17	Havre (du), *Batign.*	67
8	Havre (du)	31
9	Helder (du)	34
17	Hélène, *Batignolles*	67
5	Hilaire (Dumont-St-)	20
3	Henri Ier (de)	9
15	Henri de Pansey	57
13	Hippolyte (St-)	52
6	Hirondelle (de l')	21
12	Hivert (d')	47
4	Homme-Armé (de l')	14
8-1	Honoré (St-)	3
6	Honoré-Chevalier	22
1	Honoré (du faub. St-)	50
10	Hôpital Saint-Louis	40
4	Hospitalières-St-Gervais (des)	14
3	Hôtel-Colbert (de l')	20
4	Hôtel-de-Ville (de l')	14
17	Hôtel de-Vil.(de l') *B.*	67

ARR.	RUES	QUART.
10	Hôtels (des Petits-)	37
15	Huchette (de la)	20
1	Hyacinthe-St-Honoré (St-)	4
5	Hyacinthe-St-Michel (St-)	19

I

ARR.	RUES	QUART.
7	Iéna (d')	26
7	Ile-des-Cygnes (de l')	28
4	Ile-Louviers (de l')	15
5	Irlandais (des)	19
8	Isly (d')	31
13	Ivry (route d')	50
13	Ivry (petite r. d')	49

J

ARR.	RUES	QUART.
5	Jacinthe	20
6	Jacob	24
11	Jacquard	42
4	Jacques-de-Brosse	14
5	Jacques (St-)	20
14	Jacques (Neuve-St-)	55
1	Jacques-l'Hôpital (St-)	2
14	Jacques (du faub. St-)	55
17	Jadin, *Batignolles*	66
3	Japy	9
6	Jardinet (du)	21
20	Jardiniers (des)	80
4	Jardins (des) St-Paul	14
16	Jardins (des)	64
4	Jarente	14
15	Javelle (de)	60
17	Jean (St), *Batignolles*	68
8	Jean-Baptiste (St-)	32
6	Jean-Bart	23
4	Jean-Beausire	15
7	Jean-Gros-Caillou (St-)	28
5	Jean-de-Beauvais	20
7	Jean-de-Latran (St-)	20
8	Jean-Goujon	29
1	J.-J.-Rousseau	2
1	Jean-Lantier	1
18	Jean-Robert, *Chap.*	71
17	Jeanne-d'Asnières, *B.*	67
1	Jean-Tison	2
1	Jeannisson	3
1	Jérusalem (de)	1
2	Jeûneurs (des)	7
2	Joquelet	7
2	Joseph (St-)	7
9	Joubert	34
13	Jouffroy	49
1	Jour (du)	2
4	Jouy (de)	14
1	Juges-Consuls (des)	15
4	Juifs (des)	14
1	Juillet (du 29)	4
5	Julien-le-Pauvre (St-)	20
13	Julienne	52
2	Jussienne (de la)	7
5	Jussieu (de)	17

4

ARR.	RUES	QUART.	ARR.	RUES	QUART.	ARR.	RUES	QUART'
			3	Limoges (de)	10	4	Marché-Ste-Catherine (du)	14
			1	Lingerie (de la)	2	1	Marc.-St-Honoré (du)	3
	K		4	Lions St-Paul (des)	15	3	Marcoul (St)	9
11	Keller	43	8	Lisbonne (de)	32	1	Marengo	3
15	Kléber	59	4	Lobau	14	11	Marguerite-St-Antoine (Ste-)	44
			6	Lobineau	22			
			4-1	Lombards (des)	2-15	6	Marguerite- St- Germ. (Ste-)	24
	L		9-8	Londres (de)	32-33			
			16	Longchamp (de), Pas.	64	7	Marie-St-Germ. (Ste-)	25
7	Labie, Neuilly	65	8	Lord Byron	30	17	Marie (Ste-), Batign.	65
8	Laborde (de)	32	2	Louis-le-Grand	5	17	Marie (Ste-), Neuilly	65
7	Labourdonnaye	27	11	Louis-Philippe	43	16	Marie (ch. de r. de Ste)	64
21	La Feuillade	3	5	Louis-au-Marais (St)	11	18	Marie-Blanche (Ste-)	69
0	La Mare (de), Bellev.	77	4	Louis-en-l'Ile (St)	16	16	Marie-de-Chaillot (Ste)	64
9	Labruyère	33	17	Louis (St-)), Batign.	67	2	Marie-Stuart	8
15	Lacépède	18	15-5	Lourcine (de)	52-19	8	Marignan	29
17	Lacroix, Batignolles	68	2	Louvois (de)	5	2	Marivaux (de)	6
12	Lacuée	48	1	Louvre (du)	1-2	4	Marmousets (des)	16
0	Lafayette	37	16	Lubeck (de)	64	13	Marmousets (des)	52
0	Laffitte	35	2	Lulli	6	10	Marquefoy	40
29	Lagny (de)	80	2	Lune (de la)	8	16	Marronniers(des), Pas.	62
12	Laiterie (de la)	8	19	Lunéville (de)	75	10	Marseille (de)	39
7	Lamare, Ternes	65	1	Luxembourg	4	2	Marsollier	5
19	Lamartine	35-36	12	Lyon (de)	48	10	Martel	38
12	Lancette (de la)	47	5	Lyonnais (des)	19	6	Marthe (Ste-)	24
0	Lancry (de)	39				17	Martignac	26
4	Landry (St-)	16				3-4	Martin (St-)	9
11	Lappe (de)	43		**M**		10	Martin (du Faub.-St-)	39
1	Lappe (Neuve-de-)	43	17	Mabille, Batignolles	68	9	Martyrs (des)	36
11	Lard (au)	2	6	Mabillon	22	9	Martyrs. (Ne-des-)	35-36
2	Laroche	47	5	Maçons Sorb. (des)	0	9	Martyrs (ch. de r. des)	36
9	Larochefoucauld	33	6	Madame	23	7	Masseran	2
6	Larrey	21	8	Madeleine (de la)	31	4	Massillon	16
17	Las-Cases	26	15	Mademoiselle, Vaug.	58	18	Masson, Montmartre	69
10	Laurent (St-)	39	8	Madrid (de)	32	4	Masure (de la)	14
9	Lauzun	76	16	Magdebourg (de)	64	5	Mathurins-St J. (des)	20
9	Laval (de)	33	16	Magenta, Auteuil		9-8	Mathurins(Nx-des-)	31-34
5	Lavandières (des)	20	1	Magloire (St-)	2	7	Matignon	31
1	Lavandières-Ste-Opp. (des)	1-2	2	Mail (du)	7	10	Maubeuge	37
98	Lavoisier	31	14	Maine (Neuve-du-)	55	15	Maublanc	57
1-8	Lazare (St-)	31-33	15	Maine (ch. de r. du)	58	4	Maubuée	15
17	Lebouteux, Batign.	67	14-15	Maine (chaus. du)	55	2-1	Mauconseil	2-8
17	Le Chapelais, Batign.	47	14	Maison-Dieu	56	11-10	Maur-Popinc. (St-)	45
14	Leclère	33	8	Maison-Neuve	32	6	Maur-St-Germain (St-)	22
17	Lécluse	67	5	Maitre-Albert	17	3	Maure (du)	12
17	Leconte, Batignolles	67	7	Malar	27	13	Maurice-Mayet	51
19	Legrand	76	9-8	Malesherbes	32-33	6	Mayet	23
12	Legraverend	48	4	Malher	14	10	Mazagran	38
15	Lelong	59	13	Malmaison (de la)	51	6	Mazarine	21
27	Lemercier, Batign.	67	11	Malte (de)	41	14	Méchin	55
10	Lemon, Belleville	77	2	Mandar	7	5	Médard (Ne-St-)	18
12	Lenoir	48	12	Mandé (ch.de r. de St)	46	2	Méhul	5
8	Léon, La Chapelle	71	18	Manoir (du)	70	2	Ménars	6
19	Léonie	33	6	Marais-St-Germain	24	11	Ménilmontant(ch.de r.)	42
14	Léonie Villa	56	10	Marais-St-Martin (des)	39	20	Ménilmontant,B. 77-78-79	
12	Léopold	47	8	Marbeuf	29	11	Ménilmontant (de)	42
9	Lepelletier	36	2	Marc (St-)	6	3	Ménilmontant(Ne-de-)	10
9	Lepeu	48	13	Marcel (St-)	49	1	Mercier	2
4	Leregrattier	16	8	Marché - d'Aguesseau (du)	31	4	Merry (Nx-St-)	13
4	Lesdiguières (de)	15	13	Marché-aux-Chevaux	49	3	Neslay	9
15	Letellier	57	4	Marc.-aux-Fleurs (du)	16	10	Messageries (des)	38
17	Lévis, Batignolles	67-67	4	Marché-des-Bl.-Manteaux (du)	14	3	Messine (de)	32
4	Licorne (de la)	16				10	Metz (de)	37
13	Liegat (chemin du)	50	5	Marc.-des-Patriarches (du)	18	12	Meuniers (ch. des), B.	46
11	Lilas (des)	42	4	Marché-Neuf (du)	16	6	Mézières (de)	22-23
7	Lille (de)	25	11	Marc.-Popincourt (du)	42	10	Michel (St-)	32
1	Limace (de la)	2				10	Michel (du Grand-St-)	40
						3	Michel-le-Comte	12

ARR.	RUES	QUART.
2	Michodière (de la)...	5
6	Mignon.........	21
9	Milan (de)......	33
4	Milieu-des-Ursins (du)	16
3	Minimes (des)....	11
8	Miroménil (de)....	31
9	Mogador (de).....	34
1	Moineaux (des)....	3
17	Moines (des). *Batig.*	67-68
3	Molay.........	10
16	Molière, *Auteuil*....	61
6	Molière.........	22
8	Monceaux (de)...	30
7	Moncey.........	33
17	Moncey, *Batignolles*.	68
1	Mondétour.......	2
1	Mondovi (de).....	4
12	Mongenot........	45
1	Monnaie (de la)...	1
7	Monsieur (de).....	27
6	Monsieur-le-Prince..	22
2	Monsigny........	5
5	Mont-St-Hilaire (du).	20
5	Montagne-Ste-Geneviève (de la)...	17-20
16	Montagne (de la)....	62
8	Montaigne.........	30
12	Montempoivre (ch. de)	45
1	Montesquieu......	3
6	Montfaucon.......	22
12	Montgallet........	46
3	Montgolfier.......	9
9	Montholon.......	35-36
9	Montyon........	33
12	Montmartel.......	47
1-2	Montmartre.......	6
9	Montmartre (chem. de ronde de)........	33
9	Montmartre (du Faub.)	33
3	Montmorency....	12
2	Montmorency (N°-)..	6
2-1	Montorgueil......	2
14-6	Mont-Parnasse..	23-33
14	Mont-Parnasse (chem. de r.).........	33
1	Montpensier.......	3
11	Montreuil (de).....	44
20	Montreuil(vieille r. de)	80
1	Mont-Thabor (du)...	4
12	Moreau..........	48
11	Moret..........	41
14	Morère..........	35
4	Mornay.........	11
8	Moscou (de).....	32
13-5	Mouffetard......	19
11	Mouffle (du)......	43
13	Moulinet (du)....	51
1	Moulins (des).....	3
12	Moulins (des).....	46
15	Moulin (chem. du)..	57
13	Moulin-de-la-Pointe (du)...........	51
13	Moulin-des-Prés (du).	51
14	Moulin-Vert (du)...	55
18	Moulins (des). *Batign.*	69
13	Moulins-St-Marcel(des Deux-)........	49
4	Noussy (de).....	14
11	Muette (de la).....	43

ARR.	RUES	QUART.
2	Mulhouse (de).....	7
18	Muller, *Montmartre*.	70
16	Municipalité (de la).	61
5	Mûrier (du).......	17
11	Murs-de-la-Roquette (des)...........	45
18	Myrha..........	70

N

10	Nancy (de).......	37
19	Nantes (de)......	74
20	Napoléon........	77
18	Nation (de la), *Mont.*	70
13	Nationale........	50
9	Navarin (de)......	35
4	Necker.........	14
7	Negrier.........	28
11	Nemours (de)....	41
16	Neuve, *Passy*.....	62
6	Nevers (de).....	21
8-16	Newton.......	64
12	Nicolas (St-).....	48
9-8	Nicolas-d'Antin (St-)	31-34
5	Nicolas-du-Chardonnet (St-)......	17
18	Nicolet, *Montmartre*.	70
4	Nicolas-Flamel.....	13
7	Nicolet.........	28
4	Nonnains-d'Hyères...	14
18	Nord (du), *Montm*...	72
3	Normandie (de)..	10-14
17	Notre-Dame, *Bat.*	67-68
4	Nre-Dame (Neuve-)..	16
2	Nre-Dame-de-Bonne-Nouvelle........	8
6	Nre-Dame-des-Ch...	25
8	Nre-Dame-de-Grâce.	31
9	Nre-Dame-de-Lorette.	33
3	Nre-Dame-de-Nazareth.	9
2	Nre-Dame-de-Recouvrance..........	8
2	Nre-Dame-des-Victoires............	7
5	Noyers (des).....	20

O

1	Oblin..........	2
6	Odéon (de l').....	22
14	Odessa (d')......	55
3	Oiseaux (des)....	10
7	Olivet (d').......	27
9	Olivier-St Georges.	33-34
1	Opportune (Ste-)...	2
5	Orangerie (de l')..	18
1	Oratoire-du-Louvre (de l').........	2
8	Orat.-du-Roule (de l').	30
1	Orfèvres (des)....	1
18	Oran (d'), *la Chapelle.*	70
1	Orillon (de l').....	41
1	Orléans-St-Hon. (d').	2
5	Orléans-St-Marc. (d')	18
14	Orléans (route d')..	55
14	Orléans (Neuve-d').	55
17	Orléans (d'), *Batig.*	67

ARR.	RUES	QUART.
4	Orme (de l')......	15
11	Ormeaux (des)...	44
20	Ormes (des), *Char*...	80
13	Ormes (des Trois-).	50
4	Ormesson (d')....	14
1	Orties (des).....	3
3	Oseille (de l')....	11
7	Oudinot........	27
19	Ouen (chemin de St-).	74
6	Ouest (de l')....	23-22
3-2	Ours (aux)....	2-8-12

P

1-2	Pagevin.......	2-7
2	Paix (de la)......	5
17	Paix (de la), *Batign*..	68
9	Palatine.........	22
18	Palestro (de), *Montm*.	70
15	Palmyre, *Gentilly*...	51
20	Panoyaux (des)...	79
19	Pantin (route de)...	75
5	Paon (du).......	17
4	Paon-Blanc (du)...	14
9	Papillon........	35
13	Papin..........	49
3	Paradis (de), *Marais*.	11
10	Paradis-Poissonnière (de)...........	38
5	Parcheminerie (de la).	20
3	Parc-Royal (du)...	11
17	Paris (de), *Batign*...	66
19-20	Paris (de), *Bell*.	78-76
9	Parme (de)......	33
20	Partants (des)...	79
4	Parvis-Notre-Dame(du)	16
5-13	Pascal.......	19-52
3-4	Pas-de-la-Mule(du)	13-11
3	Pastourelle......	10
5	Patriarches (des)...	18
4	Paul (St-).......	15
4	Paul (Neuve-St-)...	15
2	Paul-Lelong.....	6
16	Pauquet-de-Villejust.	64
6	Pavée-St-André...	21
4	Pavée, au Marais...	14
3	Paxent (Saint-)...	9
3	Payenne........	11
1	Pèlerins-St-Jacques (des)..........	2
1	Pélican (du).....	2
4	Pelleterie (de la)..	16
16	Pelouse (de la)...	64
8	Penthièvre (de)...	31
8	Pépinière (de la)...	32
4	Percée.........	15
14	Perceval.......	55
16	Perchamps (des)..	64
3	Perche (du).....	11
9	Percier.........	35
15-7	Pérignon......	27
3	Périgueux (de)...	10
3	Perle (de la)....	11
4	Pernelle........	13
4	Perpignan (de)....	16
3	Perrée.........	10
16	Perrier, *Neuilly*...	65
1	Perron (du).....	3

ARR.	RUES	QUART.
15	Petel	57
8	Pétersbourg (S¹-)	32
2	Petit Carreau (du)	8
13	Petits-Champs-Saint-Marcel (des)	52
3	Petits-Champs-S¹-Mart. (des)	2
2-1	Petits-Champs (Neuve-des-)	3-4-5-6
10	Petites-Ecuries (des)	38
2	Petit-Hurleur (du)	8
2	Petit-Lion-S¹-Sauveur (du)	8
5	Petit-Moine (du)	18
4	Petit-Musc (du)	15
2	Petits-Pères (des)	6
5	Petit-Pont (du)	20
1	Petite-Truanderie (de la)	2
3	Petite-Corderie (de la)	10
19	Petits-Chaumonts (des)	75
9	Pétrelle	36
13	Peupliers (chem. des)	31
3	Phelippeaux	9
2	Philippe-Bonne-Nouvelle (S¹-)	8
13	Picard	50
12	Picpus (ch. de ronde)	46
12	Picpus (de)	46
15	Pierre (Petite-rue-S¹-)	41
16	Pierre (Basse-S¹-)	64
11	Pierre-Popinc¹. (S¹-)	42
3	Pierre (Neuve-S¹-)	7
13	Pierre-Assis	52
11	Pierre-Levée	41
4	Pierre-au-Lard	13
5	Pierre-Lombard	18
18	Pierre-Picard	70
6	Pierre-Sarrazin	21
9	Pigale	33
13	Pinel	49
1	Pirouette	2
6	Placide (S¹-)	25
8	Plaisance (de)	32
12	Planchette (de la)	47
12	Planchette (de la)	48
14	Plantes (chemin des)	56
1	Plat-d'Etain (du)	2
4	Plâtre-du-Tem. (du)	13
5	Plâtre-S¹-Jacques (du)	20
15	Plumet, Vaugirard	58
5	Poirées (des)	20
5	Poirées-Sorb. (N°-des)	28
5	Poirées-Soufflot (des)	20
4	Poirier (du)	15
5	Poissy (de)	17
2	Poissonnière	7
9	Poissonnière (faub.)	35-36
18	Poissonniers (des)	70
6	Poitevins (des)	21
7	Poitiers (de)	25
3	Poitou (de)	11
	Poliveau	18
	Pompe (de la)	39
16	Pompe (de la), Passy	62
2-3	Ponceau (du)	8-9
5	Pont-aux-Biches	13
3	Pont-aux-Choux (du)	11
6	Pont-de-Lodi (du)	21

ARR.	RUES	QUART.
4	Pont-L¹-Philippe (du)	14
15	Pont-de-Grenelle (du)	59
8	Ponthieu	30
5	Pontoise (de)	17
11	Popincourt (de)	43
11	Popincourt (N°-de-)	42
2	Port-Mahon (du)	5
14-3	Port-Royal	19-35
3	Porte-Foin	10
17	Port-S¹-Ouen (du), Bat.	60
18	Portes-Blanches (des)	70
5	Postes (des)	19
13	Pot-au-Lait (du)	51
14	Pot-au-Lait (du)	55
18	Poteau (du)	70
5	Pot-de-Fer-S¹-M. (du)	19
4	Poterie-des-Arcis (de la)	13
1	Poterie-des-Halles (de la)	1
5	Poules (des)	19
18	Poulet	70
4	Poultier	16
4	Pourtour-S¹-Gerv. (du)	14
19	Pradier	75
19	Pré-Maudit (du)	72
1	Prêcheurs (des)	2
14	Prêtres (chem. des)	55
5	Prêtres-S¹-Etienne-du-Mont (des)	20
1	Prêtres-S¹-Germain-l'Auxerrois (des)	1
5	Prêtres-S¹-Severin (des)	20
1	Prince-Impérial (du)	1
7	Princesse	22
15-14	Procession (de la), V.	57
15	Procession	67
14	Procession (N° de la)	36
18	Propriétaires (des)	72
1	Prouvaires (des)	2
9	Provence (de)	35
20	Pruniers (des)	79
5	Puits (du)	14
5	Puits-l'Ermite (du)	18
5	Puits-qui-parle (du)	19
17	Puteaux, Batignolles	67
1	Pyramides (des)	3

Q

12	Quatre-Chemins (des)	46
3	Quatre-Fils (des)	11
6	Quatre-Vents (des)	22
10	Quentin (S¹)	37
3-4	Quincampoix	13
19	Quintaine (Droin)	73

R

8	Rabelais	30
6	Racine	22
12	Rambouillet (de)	48
1-3-4	Rambuteau	12
2	Rameau	6
11	Ramponneau (ch. de r.)	41
16	Ranelagh (du)	61

ARR	RUES	QUART.
12	Rapée (ch. de r. de la)	47
20	Ratrait (du)	79
11	Rats (des)	45
14	Raymond	56
1	Réale (de la)	2
3	Réaumur	9
10	Récollets (des)	40
6	Regard (du)	23
6	Regnard	22
5	Reims (de)	20
13	Reine-Blanche (de la)	49
1	Rempart-S¹-Hon. (du)	3
4	Renard-S¹-Méry (du)	13
2	Renard-S¹-Sauv. (du)	8
17	Renaudes (des)	65-66
12	Rendez-Vous (des)	45
16	Rennes (de)	25
16	Réservoirs (des), Pas.	62
12	Reuilly (de)	46
12	Reuilly (P. rue de)	48
12	Reuilly (du chem. de)	45
12	Reuilly (ch. de r. de)	45
17	Révolte (route de la)	65
1-3	Reynie (de la)	13
20	Riblette	80
9	Ribouté (de)	35
11	Richard-Lenoir	43
1-2	Richelieu	5-6
5	Richelieu (N°-de-)	20
1	Richepance	4-3
9	Richer	35
20	Richer	79
20	Rigoles (des)	77
4-1	Rivoli (de)	3-14
14	Robine	54
1	Roch (S¹-)	4
9	Rochechouart	36
13	Rochelle (de la)	49
8	Rocher (du)	32
10	Rocroy (de)	37
9	Rodier	35
14	Roger	55
1	Rohan (de)	3
18	Roi-d'Alger	70
3	Roi-Doré (du)	11
4	Roi-de-Sicile (du)	14
6	Romain (S¹-)	25
19	Romainville (de)	75
8	Roquepine	11
11	Roquette (de la)	43
15	Rosière (de la)	
4	Rosiers (des)	14
9	Rossini	35
11	Ronbo	44
19	Rouen (de)	74
9	Rougemont	35
1	Roule (du)	2
17	Roussel, Batignolles	66
7	Rousselet	27
4	Royale-S¹-Antoine	15
8	Royale-S¹-Honoré	31
5	Royer-Collard	19
18	Ruisseau (du)	70
8	Rumford (de)	31

S

| 11 | Sabin (Saint-) | 43 |

ARR.	RUES	QUART.
16	Sablons (des)	63
6	Sabot (du)	24
3	Saintonge (de)	11
7-6	St-Pères (des)	24-25
16	St-Cloud (r. p. de)	63
17	Salneuve	68
13	Samson	51
17	Santé (de la), Batign.	67
13-14	Santé (de la)	54
1	Sartine (de)	2
17	Saufroy, Batignolles	68
17	Saulcier-le-Roi, Tern.	65
1	Saunerie	1
8	Saussayes (des)	31
2	Sauveur (St-)	7
2	Sauveur (Ne-St-)	8
6	Savoie (de)	21
14	Schomberg	15
5	Scipion (de)	18
11	Sébastien (St-)	42
11	Sedaine	43
17	Sedan (de)	74
6	Seine (de)	21
2	Sentier (du)	7
5	Sept-Voies (des)	20
6	Serpente	21
6	Servandoni	22
6-5	Severin (St-)	20
15-6-7	Sèvres (de)	27
9-8	Sèze (de)	31-34
4	Simon-le-Franc	15
16	Singer, Passy	62
4	Singes (des)	14
2	Soly	7
5	Sorbonne (de)	20
5	Soufflot	20
12	Soulage	47
16	Source (de la), Auteuil.	62
1	Sourdière (de la)	3
2	Spire (St-)	8
6	Stanislas	25
8	Stockholm (de)	32
10	Strasbourg (de)	39
6	Suger	21
4	Sully (de)	15
6	Sulpice (St-)	22
5	Suresne (de)	31

T

4	Tacherie (de la)	15
4	Taille-Pain	15
9	Taitbout	34
6	Taranne	24
6	Taranne (petite rue)	24
4-3	Temple (du)	10
11-10	Temple (du F.-du-)	41
11	Ternaux	42
17	Ternes (des), Neuilly.	62
17	Terrasse (de la), Bat.	67
12	Terres-Fortes (des)	48
5	Thénard	20
17	Thérèse (St-), Batign.	67
1	Thérèse	5
2	Thévenot	8
19	Thierri, Belleville	75
5	Thomas (St-)	19
7	Thomas-d'Aquin (St-)	25

ARR.	RUES	QUART.
3	Thorigny (de)	11
15	Tiphaine (Grenelle)	59
2	Tiquetonne	7
1	Tirechappe	2
4	Tiron	14
9	Tivoli (de)	33
14	Tombe-Issoire (de la)	55
14	Tombe-Issoire (Ne de la)	55
1	Tonnellerie (de la)	2
11	Tour-du-Temp. (de la)	41
16	Tour (de la), Passy	80
9	Tour-d'Auvergne de la)	55
9	Tour-des-Dam. (de la)	53
18	Tournelle (de la)	72
4-3	Tournelles (des)	11
6	Tournon (de)	22
22	Toustain	22
2	Tracy (de)	8
15	Transit (du Haut-)	57
7	Traverse	27
12	Traversière-St-Ant.	48
3	Traversière	17
9	Trévise (de)	35
17	Trézel, Batignolles	68
17	Triomphe (de l'Arc-de-)	66
5	Triperet	18
7	Triperie (de la)	28
11	Trois-Bornes (des)	41
4	Trois-Canettes (des)	16
12	Trois-Chandelles (des)	46
5-13	Trois-Couronnes (des) St-Marcel	52-18
11	Trois-Couronnes (des) du Temple	41
5	Trois-Pavillons (des)	11
5	Trois-Portes (des)	20
9-8	Tronchet	31
00	Trou-à-sable	00
9	Trudon	34
17	Truffault, Batignolles	67
16	Tuilerie (de la), Aut.	62
9	Turgot	36
8	Turin (de)	32
5	Turbigo	12

U

5	Ulm (d')	19
7	Université (de l')	25
7	Université (Ne-de-l')	25
5	Ursulines (des)	19

V

5	Val-de-Grâce (du)	19
4	Val-Ste-Catherine	14
5	Valence (de)	18
10	Valenciennes (de)	52
12	Vallée-de-Fécamp (de)	47
1	Valois-Palais-Royal	3
8	Valois-du-Roule (de)	32
13	Vaudrezanne	51
7	Vanneau	25
1	Vannes (de)	2
15	Vanves (de)	57
1	Varennes-St-Honoré (de)	2

ARR.	RUES	QUART.
7	Varennes-St-Germain	25
3	Vaucanson	9
15-6	Vaugirard (de)	22-58
6	Varin	25
3	Vendôme (de)	10
4	Venise (de)	13
1	Ventadour	3
1	Verderet	2
7	Verneuil (de)	25
18	Véron (Neuve-)	69
4	Verrerie (de la)	14
3	Versailles (de)	17
3	Vert-Bois (du)	9
14	Verte (Voie)	55
8	Verte (petite rue)	31
3	Vertus (des)	9
1	Viarmes (de)	2
9	Victoire (de la)	35
3	Victor (Saint-)	17
2	Vide-Gousset	7
16	Vieille route de Sèvres.	61
5	V.-Haudriettes (des)	12
5	V.-Estrapade (de la)	19
15	Vierge (de la), Vaug.	58
18	Vieux-Chemin (du)	69
1	Vieilles-Etuves-St-Honoré (des)	2
4	Vieil.-Etuves-St-Martin (des)	15
5	Vieille-N.-Dame	18
3-4	Vieille-du-Temple	14
8	Vienne (de)	52
7	Vierge (de la)	28
7	Vierge (Ne-de-la)	22
2-1	Vieux-Augustins (des)	2-8
6	Vieux-Colombier (du)	25
13	Vignes-St-Marcel (des)	49
16	Vignes (des), Passy	61
8	Vignes-Ch.-Elys. (des)	29
1	Villedo	5
13	Villejuif (de)	49
16	Villejust, Passy	64
8	Ville-l'Evêque (de la)	31
19	Villette (de la)	75
17	Villiers (de), Neuilly.	65
12	Villiot	48
10	Vinaigriers (des)	39
10	Vincent-de-Paul (St-)	37
1	Vingt-neuf-Juillet (du)	4
9	Vintimille (de)	35
16	Virgile, Passy	63
7	Visitation-Ste-Marie (de la)	25
16	Vital (de)	62
1-2	Vivienne	6
20	Voie (Neuve-de-la-)	80
5	Volta	9
6	Voltaire	22
18	Vosges (des)	70
12	Voûte-du-Cours (de la)	45
1	Vrillière (de la)	5

W

13	Watt	49

Z

5	Zacharie	20

PASSAGES

ARR.	PASSAGES	QUART.	ARR.	PASSAGES	QUART.	ARR.	PASSAGES	QUART.
6	Abbaye-St-Germain.	24	5	Frépillon.	9	10	Neveux.	38
15	Alphand.	52	20	Frequel.	80	10	Nicolas (St-).	39
11	Ambroise (St).	42	8	Gaillard.	29	12	Orient (d').	48
3	Ancre (de l').	12	2	Galerie-de-Fer.	6	9	Opéra (de l').	35
11	Angoulême (d').	41	8	Gautrin.	29	14	Ouest (de l').	56
2	Anne ((Ste-).	5	12	Génie (du).	46	2	Panoramas (des).	6
11	Anne (Ste-).	42	12	Genty.	47	6	Petites-Boucheries.	24
20	Asile (de l').	79	8	Godot.	29	2	Petits-Pères (des).	6
1	Athènes.	3	14	Gourdon.	56	8	Philippe-du-Roule(St-)	30
2	Aubert.	8	18	Goutte-d'Or (de la).	71	4	Pierre (St-).	15
5	Avoie (Ste-).	12	5	Gracieuse.	18	11	Pierre-du-Temple (St-)	41
00	Barrois.	9	10	Graffart.	40	11	Pierre-Popinct (St-).	42
2	Basfour.	8	10	Grados.	39	11	Pivert.	41
1	Beaujolais.	3	5	Gravilliers (des).	9	13	Pointe-d'Ivry (de la).	50
19	Bender.	76	7	Grenelle-St-Germain.	26	16	Pompe-à-Feu (de la).	64
6	Benoit (St-).	24	1	Guillaume (St-).	3	2	Ponceau (du).	8
11	Bernard (St-).	44	17	Gutin.	67	6	Pont-Neuf.	21
10	Bois-de-Boulogne.	38	9	Havre (du).	34	5	Postes (des).	19
13	Boiton.	51	1	Henri-Quatre.	3	1	Potier.	3
11	Bonne-Graine(de la).	44	15	Hippolyte (St-).	51	15	Provost.	51
6	Boucherie (de la Pte-).	24	1	Hôtel-des-Fermes.	3	15	Procession (de la).	59
12	Boule-Blanche (de la).	48	1	Hulot.	3	8	Puteaux.	31
1	Bourdonnais.	2	10	Industrie (de l').	39	12	Quinze-Vingts.	48
2	Bourg-l'Abbé.	7	11	Isly (d').	41	1	Radziwill.	3
14	Bournisien.	56	4	Jabach.	13	15	Raymond.	51
10	Brady.	38	14	Jardins (des).	56	1	Reine-de-Hongrie.	2
11	Bras-d'Or.	44	11	Jeu-de-Boule.	41	2	Renard (du).	8
18	Briquet.	70	10	Joinville.	40	19	Renard-St-Sauv. (du).	76
2	Caire (du).		11	Josset.	42	20	Rivière.	79
2	Cerf (du Grand-).		9	Jouffroy.	35	1	Roch (St-).	5
7	César.	26	10	Lafayette.	37	3	Rome (de).	9
12	Chantier (du).	48	9	Laferrière.	33	8	Ruffin.	29
4	Charlemagne.	14	9	Landrieux.	26	20	Pierre (St-).	77
10	Chausson.	39	6	Laurette.	25	4	Croix-de-la-Br. (Ste-).	15
2	Choiseul (de).	5	11	Leclerc.	41	1	Sandrié.	54
14	Cité-d'Antin (de la).	36	3	Lemoine.	12	2	Saucède.	8
1	Cloitre-St-Honoré.	39	14	Leonidas.	56	2	Saumon (du).	7
2	Colbert.	6	11	Levert.	43	9	Saunier.	35
6	Commerce (du).	21	9	Londres (de).	00	11	Sébastien (St-).	41
1	Corby.	3	10	Louis (St-).	40	17	Soffroy.	68
11	Crussol (de).	41	4	Louis (St-).	14	4	Singes (des).	14
11	Damoye.	43	1	Lycée (du).	3	8	Soleil-d'Or (du).	54
6	Dauphine.	22	8	Madeleine (de la).	31	5	Sorbonne (de la).	20
1	Delorme.	3	11	Main-d'Or.	44	14	Thermopyles (des).	56
20	Deschamps.	80	17	Malesherbes, Batign.	67	18	Thuile (la).	69
10	Désir (du).	39	1	Marchand.	3	11	Thierre.	43
1	Deux-Pavillons (des).	3	10	March.-St-Martin.	39	9	Tivoli.	35
9	Deux-Sœurs (des).	35	5	March.-des-Patriarch.	18	12	Tocanier.	46
7	Dominique (St).	26	11	Marie (St-).	43	15	Tournus.	59
18	Doudeauville.	71	7	Marie (Ste-).	23	6	Treille (de la).	22
8	Douze-Maisons.	29	3	Marmite (de la).	9	2	Trinité (de la).	8
10	Dubail.	39	11	Ménilmontant.	42	11	Union (de l').	28
14	Dulac.	53	2	Messageries-Imp. (des)	6	11	Vaucanson (de).	45
16	Eaux (des).	62	1	Messageries-G. des).	2-3	5	Vendôme.	10
10	Ecuries (des Petites-).	38	12	Millaud.	47	10	Vert-Bois (du).	10
8	Elysée-du-Roule(de l').	30	5	Molière.	12	9	Verdeau.	35
18	Elysée-des-B.-A. (de l')	69	4	Mont-de-Piété (du).	14	1	Véro-Dodat (galerie).	2
10	Entrepôt.	39	1	Montesquieu.	3	8	Vézelay.	32
15	Entrepreneurs (des).	57	15	Montrolet.	59	14	Vierge (de la).	56
2	Etoile (de l').	8	11	Moufle.	43	7	Vierge (de la).	28
9	Fénelon.	26	12	Moulin.	47	10	Violet.	37
10	Feuillet.	40	13	Moulinet.	50	2	Vigan (du).	8
15	Fourneaux (des).	57	19	Mulhouse.	75	2	Vivienne (galerie).	9

PLACES

ARR.	PLACES	SITUATION.
18	Abbaye (de l').	rue de l'Echaudé, rue Bonaparte.
18	Abreuvoir (de l').	rue Fontaine-du-But, rue des Brouillards.
16	Aguesseau (d').	rue Molière.
6	André-des-Arts (St-).	rue Saint-André-des-Arts, rue Suger.
11	Angoulême (d').	rue du Faubourg-du-Temple, rue d'Angoulême.
4	Arsenal (de l').	rue de l'Orme, rue de la Cerisaie.
6	Assas (d').	rue d'Assas, rue de Vaugirard.
9	Barrière Blanche (de la).	rue Blanche, barrière Blanche.
13	Barrière d'Ivry (de la).	chemin de ronde, rue d'Austerlitz.
9	Barrière Montm. (de la).	barrière Montmartre, rue Pigale, 9.
4	Bastille (de la).	rue Saint-Antoine, rue du Faubourg-St-Antoine.
4	Baudoyer.	rue des Barres, place du Marché-St-Jean.
15	Beau, Grenelle.	barrière des Entrepreneurs, rue St-Louis.
8	Beauvau.	avenue Marigny, rue Miromenil.
12	Beauveau.	rue de Charenton, marché Beauveau.
18	Belhomme.	rue Nouvelle-France, rue Belhomme.
7	Bellechasse.	rue Saint-Dominique-Saint-Germain, église Sainte-Clotilde
2	Boïeldieu.	rue Marivaux, rue Favart.
17	Boulnoy, Neuilly.	rue de l'Arcade, avenue des Ternes.
7	Bourbon (du Palais-).	rue de Bourgogne, rue de l'Université.
2	Bourse (de la).	rue Notre-Dame-des-Victoires, rue Vivienne.
9	Bréda.	rue Neuve-Bréda, rue Bréda.
7	Breteuil.	avenue Breteuil, avenue de Saxe.
2	Caire (du).	rue Bourbon-Villeneuve, rue du Caire.
5	Cambrai.	rue des Ecoles, Collège de France.
5	Carré-Ste-Geneviève (du).	Eglise Saint-Etienne du Mont.
1	Carrousel (du).	place Napoléon, palais des Tuileries, 1.
18	Château (du), Montm.	q. de Clignancourt, 70.
1	Châtelet (du).	pont au Change, rue Saint-Denis.
5	Col.-Louis-le-Grand (du).	rue Saint-Jacques, rue des Poirées.
5	Collégiale (de la).	rue des Francs-Bourgeois.
20	Communes (des Trois-).	rue de Paris, rue Militaire.
1	Concorde (de la).	jardin des Tuileries, avenue des Champs-Elysées.
3	Corderie (de la).	rue Dupetit-Thouars, rue Dupuis.
1	Dauphine.	rue du Harlay, pont Neuf
8	Delaborde.	rue Malesherbes, rue Delaborde.
15	Dupleix.	rue Dupleix.
1	Ecole (de l')	quai de l'Ecole, rue de l'Arbre-Sec.
1	Ecole-de-Medecine (de l').	rue de l'Ecole-de-Medecine, rue Antoine-Dubois.
15	Ecole Polytech. (de l').	rue Descartes, rue de la Montagne-Ste-Geneviève.
17	Eglise (de l'), Batignolles.	rue de l'Eglise, pl. des Fêtes.
19	Eglise (de l'), Belleville.	rue de Paris, rue de Louvain.
12	Eglise (de l'), Bercy.	rue de Bercy, rue du Commerce.
15	Eglise (de l'), Grenelle.	rue du Commerce, rue de l'Eglise.
15	Eglise (de l').	rue de l'Eglise, l'Eglise.
14	Enfer (d').	rue d'Enfer.
5	Estrapade (de l').	rue des Fossés-St-Jacques, rue des Postes.
17	Etoile (de l').	quartier des Ternes, 65.
8	Europe (de l').	rue de Berlin, rue de Constantinople.
1	Eustache (St-).	église Saint-Eustache, rue du Jour.
17	Fête (de la), Batignolles.	place de l'Eglise, rue Cardinet.
19	Fête (de la), Belleville.	rue de Beaune, rue des Bois.
16	Fêtes (des), Auteuil.	Grande-Rue.
10	Fidélité (de la).	église Saint-Laurent, rue de la Fidélité.
7	Fontenoy.	l'Ecole militaire, avenue de Saxe.
8	François Ier.	rue Bayard, 4.
16	Geneviève (Ste-), Auteuil.	rue Molière, rue de Seine, 61.
9	Georges (St-).	rue Notre-Dame-de-Lorette, rue Saint-Georges.
1	Germain-l'Auxerrois (St).	place du Louvre, église Saint-Germain l'Auxerrois.
6	Germain-des-Prés (St-).	rue Bonaparte.
20	Grès (des), Charonne.	rue Saint-Germain et rue Aumaire.
8	Havre (du).	rue du Havre, rue St-Lazare.
18	Hébert.	rue des Rosiers, rue d'Aubervillers.
18	Hirondelle (de l').	chem. de Clignancourt, rue Myrha.
13	Hôpital (de l').	la Salpêtrière, boulevard de l'Hôpital.
4	Hôtel-de-Ville (de l').	devant l'Hôtel-de-Ville.
17	Hôtel-de-Ville (de l'), Bat.	rue de l'Hôtel-de-Ville.

ARR.	PLACES	SITUATION
19	Hôtel-de-Ville (de l'), Vil.	rue de Bordeaux.
6	Institut (de l')	quai Conti.
13	Italie (d')	barrière des Gobelins, boulevard de l'Hôpital.
14	Jacques (St-)	faub. St-Jacques, chemin de ronde.
8	Laborde (de)	rue Malesherbes, rue Laborde.
10	Lafayette	rue Hauteville, rue Lafayette.
17	Levis (de), Batignolles	rue de Lévis, rue du Bac-d'Asnières.
4	Louis-le-Grand	rue St-Jacques et rue des Poirées.
1	Louvre (du)	rue du Louvre et mairie du Ier arrondissement.
2	Louvois	rue Richelieu. (Voyez place Richelieu), 6.
8	Madeleine (de la)	rue Royale, rue Tronchet.
20	Mairie (de la), Charonne	rue de Paris, rue St-Germain.
15	Mairie (de la), Grenelle	rue du Commerce.
16	Mairie (de la), Passy	Grande-Rue, rue du Marché.
18	Mairie (de la), Montm.	place de l'Abbaye.
14	Mairie (de la, Montrouge	rue de Montyon.
15	Mairie (de la), Vaugirard.	rue Blomet, Grande-Rue.
4	Marché-aux-Fleurs (du)	boulevard Sébastopol, rue de la Cité.
18	Marché (du), Chapelle	rue du Bon-Fruit.
1	Marché-St-Honoré (du)	marché St-Honoré.
20	Marché (du), Belleville	rue de la Mare, rue Levert.
15	Marché (du), Sèvres	rue Blomet, Grande rue.
8	Marché-d'Aguesseau (du)	rue d'Aguesseau, rue des Saussayes.
12	Marché-Beauveau (du)	rue de Cotte, rue Beauveau.
4	Marché St-Jean (du)	rue de la Verrerie, rue St-Antoine.
3	Marché des Enf.-R. (du)	rue de Bretagne, rue d'Anjou.
6	Marguerite (Ste-)	rue Ste-Marguerite, rue de Buci.
5	Maubert	rue des Grands-Degrés, rue des Noyers.
12	Mazas	boulev. Mazas, boulev. Contrescarpe.
5-6	Michel (St-)	boulev. Sébastopol, rue Monsieur-le-Prince.
1	Napoléon III	le Louvre, place du Carrousel.
13	Nationale, Ivry	près du chemin du Bac.
3	Nicolas (St-)	rue Aumaire.
6	Odéon (de l')	rue de l'Odéon, rue Molière.
1	Opportune (Ste-)	rue Ste-Opportune, rue Courtalon.
19	Ourcq (de l')	bar. de Pantin, bar. de la Villette.
4	Palais-de-Justice (du)	rue de Constantine, boulev. Sébastopol.
1	Palais-Royal (du)	rue de Rivoli, Palais-Royal.
5	Panthéon (du)	rue Soufflot, rue Clovis.
4	Parvis (du)	rue d'Arcole, rue Nre-Notre-Dame.
16	Perchants (des), Auteuil	rue des Perchants et rue Nre-Boileau.
5	Petit-Pont (du)	quai St-Michel, rue du Petit-Pont.
2	Petits-Pères (des	rue des Petits-Pères, église des Petits-Pères.
26	Point-du-Jour (du)	rue de Versailles, vieille route de Sèvres.
15	Pont-de-Grenelle (du)	quai de Grenelle, quai de Javelle.
5-6	Pont St-Michel. (du)	pont St-Michel, boulev. Sébastopol.
1	Pont-Neuf (du)	au milieu du Pont-Neuf.
16	Possoz, Passy	rue Guichart et rue St-Hippolyte.
17	Promenade (de la). Bat.	(Voyez place des Fêtes).
5	Puits-l'Ermite (du)	rue de ce nom, pr. Ste-Pélagie.
20	Réunion (de la), Char.	rue du Centre, rue de la Réunion.
2	Richelieu	rue Richelieu, ci-devant place Louvois.
1	Rivoli (de)	rue de Rivoli, rue des Pyramides.
8-16-17	R.-P. de l'Étoile (du)	av. des Champs-Élysées, av. de la Porte-Maillot.
3	Rotonde-du-Tem. (de la)	rue Forez, rue Dupetit-Thouars.
10	Roubaix	rue St-Quentin, rue du Chemin-de-fer-du-Nord.
3-4	Royale	rue Royale-St-Antoine, Chaussée des Minimes.
18	Saint-Pierre	rue Virginie, la Butte Montmartre.
5	Geneviève (Ste-)	rue Ste-Clotilde, rue Soufflot.
18	Marie (Ste-), Montm.	passage du Calvaire.
5	Scipion	rue de ce nom, rue Per-à-Moulin.
5	Sorbonne	rue Sorbonne, rue Nre-de-Richelieu.
15	Louis (St-), Grenelle	rue Saint-Louis, le théâtre.
7	Saint-Thomas-d'Aquin	église St-Thomas-d'Aquin, rue St-Thomas-d'Aquin.
4	Saint-Jean	rue de la Verrerie, rue St-Antoine.
5	Saint-Victor	rue St-Victor, rue de Jussieu.
10	Strasbourg (de)	boulev. de Strasbourg, gare de l'Est.
6	Sulpice (Saint-)	église St-Sulpice, rue du Vieux-Colombier.
18	Tertre (du), Montm.	rue Saint-Denis, rue Trainée.
3	**Thorigny (de)**	rue de la Perle, rue du Parc-Royal.

— 69 —

ARR.	PLACES	SITUATION
9	Tivoli (de)..........	rue de Londres, rue de Tivoli.
1	Trois-Maries (des)....	quai de l'Ecole, rue de la Monnaie, 15.
20	Trois-Couronnes(des),*Bel.*	rue de Bagnolet, rue du Parc de Romainville.
11-12	Trône (du)........	faub. St-Antoine, bar. de Vincennes.
10	Valenciennes (de)....	rue Lafayette, rue Valenciennes.
17	Vauban...........	avenue de Tourville, av. de Breteuil.
5	Veaux (aux)........	rue de Poissy.
1-2	Vendôme..........	r. St-Honoré, r. Ne-des-Petits-Champs.
1-2	Victoires (des).....	r. Croix-des-Petits-Champs, rue Vide-Gousset.
3	V.-Marché-St-Martin (du).	
9	Vintimille..........	rue de Douai, rue de Calais.
5	Walhubert..........	pont d'Austerlitz, Jardin-des-Plantes.

BOULEVARDS

ARR.	BOULEVARDS	QUAR.
7-8	Alma (de l').	27-28-29
20	Amandiers (des)....	79
14	Arcueil (d'), *Montr.*	55
20	Aunay (d')..........	79
17	Batignolles (des)...	67
18	Beaujon (de).......	30
4	Beaumarchais (de)..	29
16	Beauséjour........	62
20	Belleville (de).....	77
12	Bercy (de).........	47
2-10	Bonne-Nouvelle..	38-8
4	Bourdon...........	15
19	Buttes-Chaum. (des)..	73
9-8	Capucines (des). .	3-34
8	Chaillot...........	64
18	Chapelle (de la)....	71
12	Charenton (de)....	46
20	Charonne (de)....	80
19	Chopinette (de la)..	76
18	Clichy (de).......	70
19	Combat (du)......	76
12	Contrescarpe.....	48
17	Courcelles (de)....	66
20	Couronnes (de T.),*Bel.*	77
3-2-10	Denis (St-)....	8-9-30
14	Enfer (d').........	55
17	Etoile (de l').....	65
11-3	Filles-du-Calv.	10-42
20	Fontarabie (de)....	79
15	Fourneaux (des)...	58
13	Gare (de la)......	50
6	Germain (St-)....	21
13	Glacière (de la)....	51
5	Gobelins (des)....	52
15	Grenelle (de).....	59
15	Hôpital (de l')....	18
7	Invalides (des)....	27
15	Issy (d').........	58
13	Italie (d').......	50
2-9	Italiens (des).....	8-34
13	Ivry (d')........	49
14	Jacques (St-)....	52-53
15	Javelle (de)......	59
7	Latour-Maubourg..	26-28
16	Longchamp (de)..	63-64
8	Madeleine (de la)..	52
12	Mande (de St-)....	45
8	Malesherbes......	51
3-10	Martin (St-)....	39-9
18	Martyrs (des)....	69
12	Mazas (de)......	46
15	Meudon (de).....	59
8	Monceaux (de)....	32
17	Monceau (de)....	66
1-2	Montmartre (de)..	4-6
16	Montmorency (de).	62-61
5-7-14-15	Montparnasse (du).......	53-58
20	Montreuil (de).....	80
14	Montrouge (de)....	55
4	Morland..........	15
10	Nord (du)........	39
16	Passy (de)........	64
17	Pereire, *Neuilly*.	65-66
12	Picpus (de).......	46
18	Pigale...........	69
2	Poissonnière......	8
18	Poissonniers (des)..	70
11	Prince-Eugène (du)..	44
12	Rapée (de la)....	47-48
12	Reuilly (de)......	46
18	Rochechouart (de)..	70
16	Rome (du Roi-de-)..	65
14	Santé (de la).....	54
1-2-3-4	Sébastopol (de). R.-D..	1-2-8-12-15
5-6	Sébastopol r. g.	16-20-21
4	Sébastopol-Cité..	16
15	Sèvres (de)......	58
10	Strasbourg (de)..	38-39
11-3-4	Temple.....	10-41
14	Vanves..........	55
15	Vaugirard........	58
18	Vertus...........	72
19	Villette..........	75

QUAIS

ARR.	QUAIS	QUART.
4	Anjou (d').......	16
4	Archevêché (de l')..	16
6	Augustins (des)....	21
13	Austerlitz (d')....	49
12	Bercy (de).......	00
5	Bernard (St-).....	17
4	Béthune.........	16
8	Billy (de)........	29
4	Bourbon.........	16
4	Célestins (des)....	15
19	Charente (de la), *Vil.*	74
8	Conférence (de la)..	29
6	Conti...........	21
4	Desaix..........	60
11	Ecole (de l').....	16
4	Fleurs (aux)......	16
13	Gare (de la).....	50
4	Gèvres (de)......	16
19	Gironde (de la), *Vil.*	74
15	Grenelle (de).....	60
4	Grève (de la).....	16
4	Henri IV........	11
1	Horloge (de l')....	1
15	Javelle.........	60
11-19	Jemmapes....	39-43
4	Lepelletier......	13
19	Loue (de la).....	76
1	Louvre (du)......	1
6	Malaquais.......	21
4	Marché-Neuf.....	16
19	Marne (de la), *Vil.*	73-74
1	Mégisserie (de la)..	1
5	Michel (St-).....	20
5	Montebello......	19
4	Napoléon ou Cité...	16
19	Oise (de l'), *Villette.*	75-74
7	Orsay (d').......	27
1	Orfèvres (des)....	1
4	Orléans (d').....	
4	Ormes (des).....	14
4	Paul (St-).......	15
16	Passy (de)......	62
12	Rapée (de la)....	48
19	Sambre (de la), *Vil.*	74
19	Seine...........	75
4	Tournelle (de la)..	17
1	Tuileries (des)....	1
10	Valmy..........	39-43
7	Voltaire........	25

PONTS

ARR.	PONTS	QUART.	ARR.	PONTS	QUART.	ARR.	PONTS	QUART.
8-7	Alma (de l')	28-29	7-6	Concorde (de la)	2-0	1-6	Michel (St-)	1-21
5-4	Archevêché (de l')	16	4	Constantine (de)	17	15-12	Napoléon	47-50
4	Arcole (d')	16-17	4	Double (au)	20	4	Notre-Dame	16
6-1	Arts (des)	1-24	16	Grenelle (de)	61	4-6	Petit-Pont	20-16
15	Austerlitz (d')	48-49	16	Iena (d')	64	6-1	Pont Neuf	1-21
15	Bercy (de)	50-49	7	Invalides (des)	29-26	6-1	Royal	1-25
7-1	Carrousel (du)	1-2	4	Louis-Philippe	16-14	7-1	Solférino	1-26
4	Change (au)		4	Marie	16-14	4-5	Tournelle (de la)	17-16

AVENUES ET ALLÉES

ARR.	AVENUES ET ALLÉES	SITUATION	QUARTIER
16	Alma (de l')	Grande-Rue, r. Militaire	61
16	André (St-), *Auteuil*	r. de l'Assomption	61
8	Antin (d')	Cours-la-Reine, av. des Champs-Elysées	29
12	Bel-Air (du)	av. de Saint-Mandé, r. Militaire	46
12	Bel-Air (du)	av. de St-Mandé, pl. de la b. du Trône	
16	Boulainvilliers, *Auteuil*	p. de Grenelle, rue Basse	61
7	Bourdonnaye (de la)	quai d'Orsay, av. Lamothe-Piquet	28
7	Breteuil (de)	pl. Vauban, rue de Sèvres	20
8	Champs-Elysées (des)	pl. de la Concorde, bar. de l'Etoile	30
7	Champ-de-Mars (du)	quai d'Orsay, av. de la Bouronnaie	28
14	Chapelle (de la)	av. de la Santé, N. Tombe-Isoire	55
17	Chasseurs (des)	boul. Pereire, les champs	66
17	Clichy (de)	Grande-Rue, rue Militaire	68
16	Cloud (de St-)	R.-P. de l'Etoile, r. Militaire	63-64
8	Cours-la-Reine	pl. de la Concorde, pont de l'Alma	29
16	Dauphine	R.-P. de Saint-Cloud, av. de l'Impératrice	63
16	Denis (St-)	b. Longchamp, av. Porte-Maillot	64
16	Franklin	quai de Billy	64
8	Gabriel	pl. de la Concorde, av. Matignon	
16	Impératrice (de l')	R.-P. de l'Etoile, r. Militaire	63-64
7	Lamothe-Piquet (de)	b. Latour-Maub., bar. Lamothe-Piquet	59-28
7-15	Lowendal	av. de Tourville, bar. de l'Ecole militaire	27-58
15	Maine (du)	bar. Montparnasse, rond-point du Maine	58
12	Mandé (de St-)	r. de Picpus, bar. Saint-Mandé	46
8	Marbeuf (allée)	r. Marbeuf, av. des Champs-Elysées	31
16	Marie (de Ste-)	faub. Saint-Honoré, chemin de ronde du Roule	30
16	Marie (de Ste-)	q. de Billy, chemin de r. Ste-Marie	64
8	Marigny (de)	avenue des Champs-Elysées, faub. Saint-Honoré	31
5	Marché-aux-Chevaux	boul. de l'Hôpital, rue du Marché-aux-Chevaux	49
8	Matignon (de)	r. Rabelais, rue de Penthièvre	30
16	Molière (hameau Boileau)	av. des Préaux, imp. Racine	61
8	Montaigne	rue Bizet, av. des Champs-Elysées	31
16	Montmorency	r. Neuve, avenue des Sycomores	61
8	Munich	r. de Miromènil, rue de Plaisance	32
14	Observatoire (de l')	boul. Montparnasse	55
	Ormeaux (des)	pl. du Trône, rue Montreuil	44
17-18	Ouen (de St-), *Batig.*	Grande-Rue, fortifications	68-69
8	Percier	r. de la Pépinière, av. de Munich	31
8	Plaisance (de)	av. de Munich, r. Val-du-Roule	22
17	Porte-Maillot (de la)	R.-P. de l'Etoile, r. Militaire	64-65
10	Richerand	quai Jemmapes, r. Bichat	39
11	Roquette (de la)	r. Charonne, r. de la Roquette	45
14	Santé (de la)	Tombe-Isoire, r. Neuve-d'Orléans	55
7	Ségur (de)	pl. Vauban, avenue de Saxe	27
7-15	Suffren (de)	quai d'Orsay, av. Lowendall	27
16	Sycomores (des), *Auteuil*	avenue des Tilleuls, boulev. de Montmorency	61
17	Ternes (des)	barrière de Courcelle, aux fortifications	65
18	Tilleuls (des)	r. de l'Empereur	
16	Tilleuls (des), *Auteuil*	av. de Montmorency	61
7	Tourville (de)	b. des Invalides, avenue Lamothe-Piquet	27-28
12	Triomphes (des)	pl. du Trône, chemin de r. de Vincennes	44
9	Trudaine (de)	rue Rochechouart, rue des Martyrs	36
16	Tuilerie (de la), *Auteuil*	rue de La Fontaine, av. St-André	61

ARR.	AVENUES ET ALLÉES	SITUATION	QUARTIER
11	Verte-Popincourt (allée).	r. Basse-St-Pierre, quai Valmy...............	42
4	Victoria............	Hôtel-de-Ville, pl. du Châtelet.................	13
7	Villars (de)........	pl. Vauban, boul. des Invalides...............	27
	Vincennes.........	pl. du Trône, aux fortifications..............	
16	Virgile............	rue de la Pompe, rue du Petit-Parc..........	65

HALLES ET MARCHÉS

ARR.	HALLES ET MARCHÉS	SITUATION	QUARTIER
8	Aguesseau (d')......	d'Europe, rue des Saussaies.	
12	Antoine (St-).......	Quinze-Vingts, rue d'Aligre.	
1	Beurre et Œufs (aux)...	des Halles, rue de la Cossonnerie.	
4	Blancs-Manteaux (des).	des Archives, rue Vieille-du-Temple.	
1	Blé (au)...........	r. de Viarmes....................	2
4	Catherine (Ste-).....	r. Saint-Antoine.................	14
5	Chevaux (aux)......	boul. de l'Hôpital................	18
1	Cuirs (aux)........	r. Mauconseil....................	2
1	Draps (aux)........	Halles centrales.................	2
3	Enfants-Rouges (des)...	r. de Bretagne...................	10
4	Fleurs (aux)........	pont Notre-Dame.	
8	Fleurs (aux).......	à la Madeleine...................	4
5	Fleurs (aux).......	boul. Saint-Martin................	7
6	Fleurs (aux).......	place Saint-Sulpice...............	24
10	Fourrages (aux).....	rue du Faubourg-Saint-Martin......	10
11	Fourrages (aux)....	rue du Faubourg-Saint-Antoine.....	46
14	Fourrages (aux)....	boul. d'Enfer....................	53
6	Germain (St-)......	Saint-Germain-des-Prés...........	22
1	Halles centrales.....	rue aux Fers et rue de Rambuteau.	
1	Honoré (St-).......	rue du Marché-Saint-Honoré.......	3
3	Huîtres (aux)......	rue Montorgueil..................	7-8
2	Joseph (St-).......	r. Montmartre...................	7
4	Louis (St-)........	rue Saint-Louis, au Marais........	14
8	Madeleine (de la)...	rue de l'Arcade..................	31
4	Marché-Neuf.......	quai du Marché-Neuf.............	16
1	Marée (de la)......	Halles centrales.	
3	Martin (St-).......	rue Vaucanson, rue Mongolfier.	9
5	Maubert (de la place)...	place Maubert...................	20
9	Notre-D.-de-Lorette...	rue Notre-Dame-de-Lorette.......	33
5	Patriarches (des)....	rue Mouffetard..................	18
1	Poirées (aux)......	Halles centrales.................	2
11	Popincourt.........	rue Popincourt...................	42
10	Porte-St Martin (de la)..	rue du Château-d'Eau............	39
7	Sèvres (de)........	rue de Sèvres...................	25
8	St-Philippe du Roule...	faubourg Saint-Honoré...........	30
3	Temple (du).......	rue de ce nom...................	9
6	Vallée (de la)......	quai des Grands-Augustins........	21
5	Veaux (aux).......	Jardin des Plantes, rue de Pontoise.	17
1	Viande (à la)......	Halles centrales.................	2
5	Vins (aux).........	Jardin des Plantes, quai Saint-Bernard.......	18

LIBRAIRIE JULES TARIDE

LE ROUGE ET LE NOIR, banques de jeux ; par Mas de Maran. . . . 1 fr
LES ÉCHOS DE HOMBOURG, scènes de jeux, par Étienne Pall. . . 1 fr
LA STÉNOGRAPHIE, ou l'art d'écrire en suivant la parole ; par Lemar
 chant.. . . . . 1 fr
HÉLÈNE PEYRON, drame, par Bouilhet. . . . . 2 fr

BIBLIOTHÈQUE DES SALONS

LE MÉDECIN DE TOUT LE MONDE A LA MAISON, par le docteur A. Val
 tier, de la Faculté de Paris. 1 vol. in-18. . . . . 1 fr
MANUEL DE L'ÉCONOMIE ÉLÉGANTE, par Mme Constance Aubert. 1 vol
 in-18.. . . . . 1 fr
DE L'USAGE DE LA POLITESSE DANS LE MONDE, par Mme la baronn
 de Fresne. 2e édit. 1 vol. in-18. . . . . 50 c
NOUVEAU GUIDE COMPLET DE LA DANSE, par M. Philippe Gawlikowki
 professeur de danse à Paris. 2e édit. 1 vol. in-18 avec grav. . . . . . 1 fr
LE JARDINIER DES SALONS, ou l'Art de cultiver les fleurs dans les ap
 partements, sur les croisées et sur les balcons, par Ysabeau. 1 vol. in-18
 orné de jolies gravures. . . . . 1 fr
**NOUVEAU LANGAGE DES FLEURS, DES DAMES ET DES DEMOI
 SELLES**, par Mme la baronne de Fresne. 2e édit. 1 vol. in-18, orné de 48 grav
 coloriées.. . . . . 1 fr
LE MÉRITE DES FEMMES, poëme, par Gabriel Legouvé. Nouvelle édition
 par J. Andrieu. 1 joli vol. in-18. . . . . 50 c
LE CANOTAGE EN FRANCE, par MM. Alphonse Karr, Léon Gatayes, le vi
 comte de Chateauvillard, Gilbert Viard, Lucien More, Eugène Jung et Frédéri
 Lecaron, membres de la *Société des Régates parisiennes.*1 beau v. in-18. 2 fr
L'AMOUR EN CHANSONS. Chants de tous les pays, par Jules Andrieu. 1 vol
 in-18. . . . . 50 c
GRAMMAIRE DE L'AMOUR, à l'usage des gens du monde, par A. Vémar
 3e édition, revue et augmentée. 1 vol. in-18. . . . . 50 c
NOUVEAU DICTIONNAIRE DE L'AMOUR, à l'usage des gens du monde
 par A. Véman. 1 vol. in-18.. . . . . 1 fr
NOUVEAU CODE DE L'AMOUR, à l'usage des gens du monde, par A. Vémar
 1 vol. in-18. . . . . 50 c
LA CHIROMANCIE, Études de la main, par Jules Andrieu. . . . . 1 fr
L'ORACLE DES DAMES ET DES DEMOISELLES, par Ézéchias. 2e édit
 1 vol. in-18. . . . . 50 c
TRIBULATIONS DES VOYAGEURS ET EXPÉDITEURS en Chemin de fer
 par A. Delathe. 1 vol. in-12. . . . . 3 fr. 5
LA MIONETTE, par Muller, illustré par L. Flameng. 1 vol. in-12. . . 1 fr

PARIS. — IMP. SIMON RAÇON ET COMP., RUE D'ERFURTH, 1.

www.ingramcontent.com/pod-product-compliance
Lightning Source LLC
Chambersburg PA
CBHW070305100426
42743CB00011B/2351